말센스

흥분하지 않고 우아하게 리드하는

말센스

셀레스트 헤들리 지음 | 김성환 옮김

스몰빅라이프

프롤로그

말센스가 말재주를 이긴다

역설적이게도 우리에게 가장 큰 상처를 주는 사람은 우리가 가장 사랑하고 아끼던 사람이다. 우리는 가장 잘 알고 있고, 가장 친하고, 가장 많은 말을 주고받았던 사람들로부터 가장 큰 상처를 받는다.

하지만 어쩌면 그건 당연한 일이기도 하다. 마음의 상처라는 것은 서로 함께한 시간의 길이에 비례하기 때문이다. 그래서 함께하지도 않았고 잘 알지도 못하는 사람에 대해서는, 그가 악행을 저질러도 아무런 상처를 받지 않지만, 오랫동안 친하게 지냈고 많은 대화를 나눴던 사람으로부터는 약간의 비틀린 말만으로도 크게 상처를 받는다.

그런데 여기서 우리가 잘 생각해 봐야 할 것이 있다. 우리가 진실로 아끼고 사랑하던 사람에 대해 우리는 얼마나 잘 알고 있는 것일까?

니컬러스 에플리라는 심리학자도 그것이 궁금했는지 직접 사람들을 대상으로 실험을 해 보았다. 6년 이상 함께 한 부부를 대상으로 서로에 대해 얼마나 잘 알고 있는지 테스트해 본 것이다.

에플리는 실험에 참여한 부부들에게, 파트너에 대해 얼마나 잘 알고 있는지 10가지 질문을 던졌다. 그리고 점수를 보여주기 전에 자신들의 점수가 얼마나 될지 물어보았다. 부부들은 서로가 적어도 10가지 중에 최소한 8가지는 맞혔을 것이라고 확신했다. 하지만 그들이 실제로 맞힌 것은 4개에 불과했다.

부부 사이뿐이겠는가? 우리는 가족, 친구, 직장 동료와의 관계에서도 똑같은 착각을 한다. 그래서 대화를 나눌 때도 그와 똑같은 착각이 작동한다.

예를 들어 어느 날 친한 친구로부터 회사에서 해고당했다는 얘기를 들었다고 해 보자. 그때 당신은 뭐라고 말해 주겠는가? 아마도 이런 식으로 말할지 모른다.

"그 회사 잘 그만뒀어. 너 같은 인재를 알아보지 못하다니 한심한 회사야. 나도 2년 전에 회사를 그만둔 적이 있잖아. 나도 그땐 서글픈 기분이었어. 하지만 금방 재취업에 성공했잖아. 내가 널 잘 아는데 넌 의지가 강하니까 더 좋은 회사를 구할 수 있을 거야. 너보다 능력이 모자란 나도 재취업에 성공했잖아!"

하지만 생각해 보자. 만약 친구를 해고한 회사가 친구가 가장 입사하길 원했던 회사라면? 또 친구가 지금 당장 일을 하지 않으면 경제적으로 큰 문제가 생기는 상황이라면? 그래서 친구는 지금 서글픈 정도가 아니라 절망적인 상태라면? 그리고 친구에게는 자신감이 부족해서 재취업에 대한 두려움이 당신보다 훨씬 크다면?

상대에게 어떤 큰 문제가 생겼을 때 곧바로 어떤 해결책을 제시하는 것은 그리 현명한 방법이 아니다. 아무리 오랜 시간을 함께한 친구라도 우리는 그 친구가 지금 어떤 상황에 처했는지, 어떤 기분인지 정확히 알 수는 없기 때문이다.

게다가 상대의 처지를 내 경험과 비교하는 것은 더 좋지 않다. 문제를 해결하는 방식은 사람마다 다르고, 처한 상황에 따라 달라지기 때문이다.

그렇다면 어떻게 하는 것이 좋을까? 진심 어린 대화와 관련하여 수없이 고민하고 연구했던 내 경험을 예로 들자면 이렇다. 나는 이혼 절차를 밟고 있던 친구와 긴 대화를 나눈 적이 있다. 친구와 나는 전화기를 들고 40분 동안이

나 이야기를 나눴는데, 통화가 끝날 무렵 친구가 나에게 말했다.

"조언 고마워. 네 덕분에 문제가 조금 해결된 것 같아."

그 말을 듣고 나는 많이 놀랐다. 사실 나는 거의 아무 말도 하지 않고 듣기만 했기 때문이다. 조언이라니? 내가 한 말이라고는 "힘들었겠구나", "참 안타깝다"와 같은 몇 마디 말뿐이었다. 40분 동안 내가 말한 시간은 채 1분도 되지 않았다.

대화란 주고받는 것이다. 하지만 그 주고받는 것이 꼭 말이어야 할 필요는 없다. 많은 전문가들이 대화 능력을 키우기 위해서 이런저런 대화 스킬을 배워야 한다고 말하지만 실제 대화에서는 그런 것들이 그다지 중요하지 않다.

예를 들어 화술에 관한 책을 읽다 보면 "상대와 눈을 마주쳐라", "흥미로운 주제들을 준비하라", "들은 내용을 되풀이하면서 호응해줘라"라는 말들이 나온다. 혹시 화법에 대한 책을 읽고 이런 스킬들을 대화에 적용해 본 적이 있는가? 아마 있다 해도 기억이 잘 나지 않을 것이다. 대화를 나누다 보면 스킬 같은 것은 금세 잊어버린다.

대화에서 스킬이 결정적 요소가 아니라는 건 똑똑한 사람들과의 대화에서 더 분명하게 알 수 있다. 당신은 가끔

무척 말도 잘하고 똑똑하다고 평가받는 사람들과 대화를 나눠본 적이 있을 것이다. 그들은 아는 것도 많고, 매우 논리적이며, 말도 유창하다. 그런데 그들과의 대화가 즐거웠는가? 아마도 그렇지 못했을 것이다. 왜? 그런 사람들은 자기가 하고 싶은 말에만 집중할 뿐 내 얘기를 경청해주지는 않기 때문이다.

소통에서 가장 중요한 것은 공감이다. 그런데 그 공감이 말재주나 말솜씨가 뛰어나다고 생겨나는 것은 아니다. 상황에 따라 단 한 마디 말, 혹은 진심 어린 표정만으로도 얼마든지 공감은 가능하고, 어떤 경우엔 아무 말 없이 계속해서 들어주는 것만으로도 충분하다.

우리가 알고 있는 소통의 달인들은 의외로 말솜씨가 유창하지 않는 경우가 많다. 그들의 말은 절제돼 있고, 과도한 제스처도 사용하지 않는다.

당신에게 훌륭한 조언이나 충고를 해줬던 사람들을 떠올려 보자. 그 사람은 당신의 어머니일 수도 있고, 애인일 수도 있고, 동료이거나 친구일 수도 있다. 그런데 과연 그들이 당신에게 조언이나 충고를 할 때 유창한 말솜씨로 당신을 위로하고 어루만졌던가? 아마도 아닐 것이다. 그들은 오히려 가만히 당신의 말에 귀 기울이는 것으로 당신의 마음을 편안하게 해 주었을 것이다.

그래서 내가 이 책에서 주로 들려주고자 하는 것은 말을 잘하기 위한 스킬이 아니라 소통을 잘하기 위한 원칙들이다. 이 원칙들은, 지켜도 되고 안 지켜도 그만인 것들이 아니라, 어떤 상황에서도 어떤 상대와도 반드시 지켜야 하는 것들이다.

인터넷과 SNS의 발달로 우리의 인간관계는 이전보다 훨씬 다양해지고 폭넓어졌지만, 역설적이게도 우리의 소통 능력은 오히려 더욱 퇴화하고, 외로움은 더 커지고 있다. 사람들은 SNS에 익숙해진 나머지 누군가와 대면해서 대화하는 것은 물론이고, 전화로 얘기를 나누는 것조차 두려워한다. 심지어 사랑 고백이나 이별 인사조차도 간단히 문자로 이루어지는 세상이다.

사람들이 끊임없이 스피치 학원을 찾고, 대화법 책이 계속해서 팔리는 것도 어쩌면 이런 이유 때문이다. 스마트폰과 SNS 때문에 서로간에 과시적이고 일방적인 소통만을 하다 보니 직접 대면을 해서는 어떻게 말하고 들어주어야 하는지 잊어버린 것이다. 하지만 대화 스킬을 배우는 것만으로는 우리의 인간관계가 깊어지고 확장되기는 힘들다.

지금 당신에게 필요한 것은 말재주의 향상이 아니라, 말센스의 향상이다. 말센스란 적재적소에 필요한 말을 필요한 만큼만 하는 것이다. 그것은 또 내가 말하고자 하는 욕구를 잠시 내려놓은 다음, 상대를 바라보고 들어주는 것이며, 상대가 진심으로 하고 싶은 말을 끌어내는 것이다.

대화를 나눌 때 사람들은 어디까지 말을 해야 할지 확신이 서지 않고, 상대가 어떻게 받아들일지 두렵기도 하기 때문에 하고 싶은 말을 다 하지는 못한다. 말센스가 필요한 것은 바로 그 지점이다. 말센스는 경청하고, 질문하고, 공감하고, 배려함으로써 상대가 하고 싶었던 말, 망설이던 말, 감춰두었던 말이 드러나도록 하는 것이다.

나의 본심을 전달하면서도 누군가의 진심을 제대로 알고 싶다면 말하기보다는 들어주고, 재촉하기보다는 기다려주고, 논쟁하기보다는 공감하는 것이 필요하다. 이것이야말로 진정한 의미의 말센스다.

사람들이 서로에 대해 잘 알고 있다고 착각한다는 사실을 밝혀낸 니컬러스 애플리는 이렇게 결론을 내렸다.

"상대의 마음은 절대 펼쳐진 책 같지 않다. 서로를 더 잘 이해하는 비결은 상대의 입장을 해석하는 능력이 아니라, 상대가 자신의 마음을 솔직하게 털어놓을 수 있도록 공을 들여 관계를 맺는 것이다."

믿음을 가지고 이 책에서 설명하는 원칙들을 마음에 새겨 실행에 옮겨보도록 하자. 그리하면 당신의 대화에는 좀 더 많은 여유가 생길 것이고, 닫혀 있던 상대의 마음이 당신을 향해 활짝 열리는 놀라운 경험을 하게 될 것이다.

| 차 례 |

말센스 01

주인공이 되고 싶은 욕구를 참아낸다

"

우리는 상대와 대화를 나누기보다
자기 하고 싶은 말을 하기에 바쁘다.
상대가 보고 느끼고 생각하는 것을 언제나 나와 결부시켜
얘기하는 것이다. 이래서는 상대를 제대로 이해할 수 없다.
나에 대한 이야기에서는 내가 주인공이지만,
상대에 대한 이야기에서는 상대가 주인공이 돼야 한다.

"

• • •

몇 년 전 내가 좋아하는 한 친구의 아버지가 돌아가셨다. 장례를 치른 후 어느 날 그 친구는 사무실 밖 벤치에 홀로 앉아 멍하니 지평선만 바라보고 있었다. 그녀는 극도로 심란한 상태였기 때문에, 나는 무슨 말을 해주어야 할지 알 수가 없었다.

슬픔에 빠져 취약해진 사람에게 적절한 말이 무엇일까 고민을 하다가, 나는 내가 아버지 없이 자랐다는 사실에 대해 이야기를 늘어놓기 시작했다. 내가 9개월밖에 안되었을 무렵 아버지가 잠수함에서 익사한 이야기를 들려주면서, 아버지의 얼굴조차 알지 못했음에도 항상 아버지의 죽음을 애통해했다고 말했다. 나는 그저 그녀가 혼자가 아니라는 사실을, 나도 비슷한 일을 겪어봤기 때문에 그녀의 기분을 이해한다는 사실을 알려주고 싶었다. 하지만 내가 이 이야기를 마치자 친구는 나를 바라보면서 이렇게 쏘아붙였다.

"좋아, 셀레스트 네가 이겼어. 너는 아버지를 알지도 못했지만, 나는 아버지와 최소 30년 이상을 함께 보냈으니, 네 상황이 더 안 좋은 거야. 그러니 아버지가 돌아가셨다고 해서 내가 기분 상할 필요는 없겠지."

나는 몹시 당황했다. 그래서 내가 즉각적으로 보인 반응은 내 태도를 변호하는 것이었다. 나는 말했다.

"아냐, 아냐, 그런 뜻으로 한 말이 절대 아냐. 나는 그저 네 기분을 이해한다고 말하고 싶었던 것뿐이야."

그러자 그녀가 답했다.

"아냐, 셀레스트, 너는 이해 못해. 너는 내 기분을 조금도 몰라."

내 친구는 자리를 떴고, 나는 그곳에 무기력하게 서서, 그녀가 사라지는 모습을 바보처럼 바라만 보고 있었다. 나는 내 친구를 완전히 실망시키고 말았다. 나는 그녀를 위로하고 싶었지만, 위로는커녕 기분을 더 상하게 하고 말았다. 하지만 당시만 해도 나는 친구가 나를 오해했다고 생각했다. 그녀가 취약한 상태에 있었기 때문에, 도움을 주려던 나를 부당하게 몰아세운 것이라고.

하지만 나중에 생각해 보니 친구는 나를 오해한 것이 아니었다. 그녀는 당시 일어났던 일을 나보다도 더 잘 이해하고 있었다. 생각해 보니 나는 그녀가 자신의 슬픔을 날 것 그대로 표출하기 시작했을 때, 그 상황을 불편하게 느꼈다. 그런 상황에서 무슨 말을 해야 할지 몰랐기 때문에,

내가 편안하게 느끼는 주제, 즉 나 자신에 대한 이야기를 늘어놓은 것이다.

적어도 의식적인 수준에서는 내가 그녀와 공감을 하려고 노력하고 있었는지 모르지만, 실제로 내가 행한 건, 그녀의 고통에서 관심을 끌어와 나에게 집중시킨 것이 전부였다. 그녀는 자신의 아버지에 대해 말하고 싶어 했을 것이고, 내게 자신의 아버지가 어떤 사람인지 이야기해 주고 싶었을 것이다. 그녀는 자신의 소중한 기억을 친구와 나눔으로써 상실감을 극복하고 싶었을 것이다. 그런데 나는 그녀의 이야기를 들어주기는커녕, 내 아버지의 비극적인 죽음에 대한 이야기만 늘어놓고 말았다.

그날 이후로 나는, 내가 얼마나 자주 다른 사람들의 상실과 고난에 대한 이야기를 내 자신의 경험과 관련된 이야기로 맞받아쳤는지 인식하기 시작했다.

내 아들이 보이스카웃에서 한 아이와 다툰 이야기를 하면, 나는 대학 시절 나와 불화를 겪은 한 소녀의 이야기를 들려주었다. 또 동료가 해고를 당하면, 나는 그에게 과거 내가 직장에서 쫓겨났을 당시 직업을 찾기 위해 얼마나 고생했는지 이야기해주곤 했다.

하지만 공감을 위한 내 시도에 사람들이 어떻게 반응했

는지 좀 더 관심을 갖게 되면서, 나는 내 경험을 공유하는 행위가 의도와는 달리 정반대의 효과를 낸다는 점을 깨닫게 되었다. 어려움에 처한 사람들이 필요로하는 건 자신의 이야기에 귀를 기울여 주면서 자신의 경험에 공감해 주는 것이다. 하지만 나는 도리어 그들에게 내 이야기를 듣고 나를 인정해달라고 강요하고 있었다.

사회학자인 찰스 더버는 내가 그랬던 것처럼 대화 속에 자기 자신의 경험에 대해 이야기하는 성향을 '대화 나르시시즘'이라고 칭했다. 이 성향은 대화의 주도권을 쥐고 대화를 이끌면서, 대화의 초점을 자기 자신에게 돌려놓고자 하는 욕망으로, 스스로는 알아차리기 힘든 경우가 많다. 더버는 대화 나르시시즘에 대해 이렇게 말했다.

"대화 나르시시즘은 주목을 끌고자 하는 사람들의 지배적인 심리 성향을 잘 나타내준다. 이 성향은 친구와 가족, 동료들 사이에서 이루어지는 대화에서 주로 모습을 드러낸다. 끊임없이 자기 이야기만 하는 사람에게 대처하는 방법을 알려주는 책들이 인기를 얻는 것을 보면, 이런 성향이 일상생활 전반에 널리 퍼져 있음을 알 수 있다."

더버는 이와 관련하여 대화 상황에서 나타나는 두 종류

의 반응을 제시한다. 하나는 '전환 반응'이고 다른 하나는 '지지 반응'이다. 전환 반응은 관심을 자기 자신에게로 돌리는 것이고, 지지 반응은 관심을 상대에게 두는 것이다. 간단히 예를 들자면 다음과 같다.

전환 반응

메리 : 나 지금 너무 바빠.

팀 : 나도 지금 정말 정신없어.

지지 반응

메리 : 나 지금 너무 바빠.

팀 : 왜? 해야 할 일이 많아?

전환 반응

카렌 : 새 신발을 사야겠어.

마크 : 내 신발도 다 낡았어.

지지 반응

카렌 : 새 신발을 사야겠어.

마크 : 그래? 어떤 신발을 사고 싶어?

눈치가 빠른 사람이면 이미 알았겠지만, 전환 반응은 대화 나르시시즘의 주된 특징이다. 전환 반응은 관심의 초점을 끊임없이 자신을 향하도록 한다. 반대로 지지 반응은 상대방이 자신의 이야기를 계속할 수 있도록 도와준다.

지지 반응은 내가 지금 상대의 말을 듣고 있고, 계속해서 상대의 이야기를 듣는 것에 관심이 있다는 뜻이다.

캐치볼 게임은 종종 대화에 대한 비유로 활용된다. 대화란 끊임없이 관심을 주고받는 것이기 때문이다. 또 대화란 자신의 생각에 대해 말하는 것과 상대가 말하는 내용을 듣는 행위가 계속해서 되풀이되기 때문이다.

캐치볼 게임을 할 때는 서로 역할을 바꿔가면서 진행해야 한다. 하지만 대화를 할 때는 상대에게 말할 기회가 넘어가지 않도록 술수를 쓸 수가 있다. 대화의 주도권을 쥐기 위해 미묘한 수단을 동원하는 것이다. 이와 관련하여 더버는 다음과 같은 사례를 제시한다.

> 조쉬 : 어젯밤에 새로 나온 그 영화를 봤어!
>
> 댄 : 그래?
>
> 조쉬 : 좋은 영화더라. 난 정말 재밌게 봤어.
>
> 댄 : 그렇구나.
>
> 조쉬 : 너도 그 영화 봤지?
>
> 댄 : 어, 나도 봤어. 근데 난 좀 별로였어. 내가 보기엔 연기가 너무 부자연스러웠고 … (이후 영화에 대한 긴 분석으로 이어짐).

이 대화에서 댄은 조쉬가 질문을 던질 때까지 적극적인 호응을 보내지 않았다. 아마도 댄은 자신에게 대화의 고삐를 넘기도록 조쉬를 압박하고 있다는 사실을 의식하지 못했을 것이다. 하지만 댄은 조쉬의 말에 무덤덤하게 반응하고 비평함으로써 대화의 주도권을 자기 쪽으로 이끌고 있다.

주도권을 놓고 벌이는 줄다리기의 과정을 추적하는 것이 항상 쉬운 일만은 아니다. 때때로 우리는 초점을 바꾸기 위한 자신의 시도를 매우 교묘하게 위장한다. 우리는 상대를 지지하는 듯한 언급으로 시작해서 우리 자신에 대한 언급으로 말의 흐름을 바꾸기도 한다. 예컨대 친구가 당신에게 방금 승진했다고 말할 때, 우리는 이런 식으로 반응할 수 있다.

"잘됐네! 축하해. 나도 내 상사한테 승진시켜달라고 해볼 생각이야. 승진이 되었으면 좋겠네."

만약 이렇게 말했더라도, 곧바로 다시 관심의 초점을 상대방에게 넘겨주기만 한다면 이런 반응 또한 그럭저럭 괜찮은 것일 수 있다. 하지만 계속해서 관심의 초점을 상대가 아닌 내 자신에게로 돌리려 한다면 문제가 생긴다. 이런 태도는 상대로부터 계속해서 공을 빼앗는 것이나 다름없기 때문에 상대방은 얼마 지나지 않아 대화를 그만두고 싶어 할 것이다.

누군가가 우리에게 이야기를 할 때, 우리의 두뇌는 자동적으로 비슷한 경험에 대한 기억들을 훑고 지나간다고 한다. 어쩌면 관심을 자신의 경험으로 되돌리려는 성향은 사실 매우 자연스런 본능이다. 게다가 현대인들은 그 어떤 다른 주제보다 그들 자신에 대해 이야기하는 데 더 익숙해져 있다. 한 연구에 따르면 우리는 대화할 때 말하는 시간의 약 60% 가량을 자기 자신에 대해 이야기하는 데 쓴다고 한다. 게다가 나머지 40% 또한 이야기를 나누는 상대방이 아닌 제삼자에 대해 이야기하는 데 쓴다.

예를 들어 당신의 동생이 자기가 만든 맛있는 저녁 식사에 대해 이야기한다고 가정해보자. 아마도 당신의 두뇌는 즉시 비슷한 경험들을 찾아 나서기 시작할 것이다. 그녀가 버섯에 대해 언급할 때, 당신의 뇌는 버섯에 관한 정보를 얻어내기 위해 기억을 뒤적이기 시작한다. 그녀가 손가락을 베었다고 이야기하는가? 그렇다면 당신의 뇌는 상처를 꿰매기 위해 응급실에 갔던 기억을 끄집어낼 것이다. 그런 뒤 당신의 뇌는 그 모든 기억을 분석하는 작업에 들어갈 것이다. 당신이 '버섯은 맛있어'라고 생각한다면 당신의 입은 침을 흘릴 것이고, 당신이 칼에 베인 손가락의 고통을 기억해낸다면, 당신의 손가락은 희미한 통증을 느낄 것이다. 이후 그 모든 감각 경험들은 다시 뇌로 되돌아와 한데 흡수되고 통합된다. 이 현상들은 자동적으로 그리고 신속하게 일어나기 때문에 우리는 보통 그 과정을 인식하지 못한다.

이런 과정이 제대로 작동할 경우, 그와 같은 생물학적 반응들은 상대에게 공감을 느끼도록 우리를 도와준다. 우리는 그 저녁이 얼마나 맛있을지, 날카로운 칼에 베인 손가락이 얼마나 아플지 상상할 수 있다.

그런데 때로는 일이 잘못되기도 한다. 동생이 이야기한 것과 내 경험이 맞아떨어지지 않을 수 있다. 그럴 때 나는 동생에게 공감하지 못하고 내 경험을 중심으로 생각하게 된다. 그래서 행동 전문가인 주디스 마틴은 이렇게 말했다.

"대부분의 경우 당신은 상대의 이야기와 당신 자신의 경험을 비교함으로써 상대를 이해하려 든다. 이것이 당신이 생각하는 전부라면, 당신은 마치 상대가 당신 자신인 것처럼 생각하고 있는 것이다. 하지만 분명 그 사람은 당신이 아니다! 따라서 당신 자신의 경험에 문의하는 것이 진정한 이해를 위한 출발점이 되어서는 안 된다."

우리가 대화를 나눌 때 또 하나 유념해야 할 것이 있다. 상대방에 대한 공감력은 대화를 나누기 직전의 상황과 밀접하게 관련돼 있다는 점이다.

예를 들어 당신과 당신의 친구가 동시에 같은 회사에서 해고를 당했다고 가정해 보자. 이 경우 친구의 기분을 판단하기 위한 척도로 당신 자신의 기분을 활용하는 것은 꽤나 적절한 일이 될 수 있다. 두 사람은 같은 사건을 경험하고 있기 때문이다.

하지만 당신의 친구만 해고를 당하고, 당신은 기분 좋은 하루를 보내고 있다고 가정해 보자. 그 상황에서 당신의 친구가 당신에게 다음과 같이 한탄하는 말을 한다.

"정말 비참해. 너무 걱정이 돼서 속이 쓰릴 지경이야"

그런데 이때 당신은 자신도 모르게 당신 자신의 좋은 기분을 기준으로 삼아 이렇게 대꾸할지도 모른다.

"걱정 마, 괜찮을 거야. 나도 6년 전에 해고당한 적이 있지만 별 문제 없었어."

당신이 더 편안하면 편안할수록 상대의 고통에 공감하는 일은 그만큼 더 힘들어진다. 그래서 신경과학자인 타이나 싱어는 이렇게 말했다.

"좋은 기분을 느끼는 사람들은 자기 파트너의 부정적

경험을 실제보다 덜 심각하게 평가한다. 반면, 방금 불쾌한 경험을 한 사람들은 자기 파트너의 긍정적 경험을 실제보다 덜 좋게 평가한다."

나는 이러한 사실들을 깨닫고 난 후, 나 자신에 대해 이야기하려는 본능을 줄이고 상대방이 이야기를 계속할 수 있도록 노력하고 있다. 또한 나는 더 적게 말하고 더 많이 듣기 위해 의식적으로 노력한다. 하지만 물론 이것은 쉬운 일이 아니다. 쉬운 일이 아니기 때문에 의식적인 노력이 필요하다.

최근 나는 이혼 절차를 밟고 있던 내 친구와 긴 대화를 나눈 적이 있다. 우리는 통화를 하면서 수화기를 약 40분 가까이 붙들고 있었지만, 나는 거의 아무 말도 하지 않고 듣기만 했다. 통화가 끝날 무렵 친구가 말했다.

"조언 고마워. 네 덕분에 문제가 조금 해결된 것 같아"

조언이라니? 사실 나는 아무런 조언도 해주지 않았다. 내가 한 말이라고는 "힘들었겠구나" "참 안타깝다"와 같은 대답들뿐이었다.

이 경험이 말해주는 것은 무엇인가? 친구에게 필요했던 건 내 조언이나 내 이야기가 아니라는 사실이다. 그녀는 그저 자신의 이야기를 들어줄 사람이 필요했던 것이다.

대화란 주고받는 것이다. 그러나 그 주고받는 것이 꼭 말일 필요는 없다. 눈빛만으로도 감정을 공유할 수 있고, 표정만으로도 상대에게 나의 느낌을 전달할 수 있다. 함께 웃음으로써 기쁨을 공유할 수 있고, 함께 울면서 슬픔을 나눌 수도 있다.

물론 어느 순간에는 말이 필요하다. 상대가 잘못된 판단에 따라 잘못된 행동을 하려고 할 때는 말로 설득할 필요가 있다. 상대가 나에게 자신이 잘 모르는 것에 대해 설명을 요구하면 그 또한 논리적으로 잘 설명해 줘야 한다.

하지만 대화의 절반은 말이 아닌 것들이다. 숨소리, 표정, 몸짓 그리고 침묵 속에 말보다 더한 공감력이 있다. 대화를 잘한다는 것은 그러한 비언어적 공감력을 발휘할 줄 안다는 것이다. 말을 해야 할 때와 말을 하지 말아야 할 때를 구분할 줄 안다는 것이다.

그리고 대화의 나머지 절반도 말하는 것만으로 채워지는 것은 아니다. 말하는 것보다는 듣는 것이 더 많아야 한다. 상대의 말에 공감해 주기 위해 굳이 내 얘기를 꺼낼 필요까지는 없다. 그저 들어주는 것만으로도 훌륭한 공감력을 발휘한 것이다.

대부분의 경우 대화의 초점을 나에게 되돌리는 행위는 상대에게 도움이 되기보다 해를 끼칠 가능성이 더 높다. 대화 중에 내 자신과 관련된 얘기를 아예 하지 않는다면 어떻게 될까? 그것 때문에 대화가 방해 받을 이유는 전혀 없다! 사람들이 '입은 다물되 귀는 열어두라'고 말하는 데는 다 이유가 있다. 그래서일까? 로마 시대의 정치가이자 철학자 카토도 이렇게 말했다.

"나는 말하는 것이 침묵하는 것보다 좋다는 확신이 들 때에만 말한다."

물론 우리가 모든 대화 상황에서 카토의 말처럼 할 수는 없을 것이다. 하지만 누군가와 대화를 나누기 전에 카토의 말을 한 번 더 되새긴다면 대화는 보다 발전적이고 생산적이 될 것이다.

말센스 02

선생님이 되려는 욕심을 부리지 않는다

"

왜 사람들은 상대가 물어보지
않는 것조차 길게 설명하려고 할까?
그 이유는 두 가지인데, 하나는
상대에게 충고나 조언을 함으로써
그 사람을 통제하고 싶은 것이고(통제병),
다른 하나는 그렇게 함으로써 상대로부터 관심이나
인정을 받고 싶은 것이다(관심병).

"

• • •

가족 관계에서, 친구 관계에서, 직장 동료 관계에서 나서기 좋아하는 사람들이 있다. 이들은 누가 물어보지도 않았는데 무슨 말만 나오면 끼어들고 충고나 조언을 한다. 그것도 아주 세세하고 길게.

그들은 어떤 한 분야나 여러 분야의 전문가이기도 하다. 그들 중의 어떤 이는 연애 전문가이고, 어떤 사람은 심리 전문가이다. 또 어떤 이는 결혼 전문가(혹은 이혼 전문가)이고, 어떤 이는 직장생활 전문가이다. 물론 그렇다고 그들이 그 분야에 박사 학위를 가지고 있는 것은 아니다. 다만 그들은 박사 학위를 가진 사람처럼 행세하고 있을 뿐이다.

이런 사람들과 대화를 하면 처음엔 그러려니 하다가도 나중에는 짜증이 난다. 물어보지도 않았고, 관심도 없는 것에 대한 장황한 설명을 듣는다는 것은 지루함을 넘어 괴롭기까지 하다.

그런데 왜 사람들은 누가 물어보지도 않은 것에 대해 길게 설명하려는 것일까? 단순히 수다를 떨고 싶기 때문일까? 수다를 떨고 싶다면 자기 자신이나 세상에 대해 이야기를 하면 되지 굳이 왜 남의 상황까지 끌어들여 이야기하는 것일까?

그 이유 중의 하나는 일종의 통제 본능이다. 누군가에게 충고나 조언을 함으로써 그 사람을 통제하고 싶은 것이다. 그래서 물어보지도 않는 것에 대해 가장 많은 말을 하는 사람은 바로, 부모이거나 선생님이거나 직장 상사다. 그들은 자식과 학생과 부하 직원을 통제하고 싶어 한다.

또 다른 이유는 관심을 받고 싶기 때문이다. 친구 관계에서도 충고나 조언을 유독 많이 하는 친구가 있는데, 그는 친구들 사이에서 관심이나 인정을 받고 싶은 욕구가 강한 친구라 할 수 있다.

하지만 내가 여기서 말하려는 것은 통제병이나 관심병에 걸린 사람들에 관한 것이 아니다. 정도의 차이는 있지만 우리 모두가 그런 병에 걸려 있으며, 자신이 옳다고 생각하는 것에서 잘 벗어나지 못한다는 걸 얘기해 주고 싶기 때문이다.

우리는 모두 자신보다 학력이 낮거나, 나이가 어리거나, 가난하거나, 지적이지 못하다고 생각하는 사람들에 대해 통제병이나 관심병이 걸려 있는 경우가 많다.

당신이 정상이라면, 당신은 아마도 편협하다고 생각하

는 사람과 대화하는 것을 기피할 것이다. 하지만 우리는 상대적으로 나보다 교육을 덜 받았거나 지적이지 못한 사람들의 세계관이 나만큼 원숙하지 못할 것이라고 가정하는 경향이 있다.

더 좋은 학교를 다니고, 더 좋은 직업을 가지고, 더 좋은 환경에서 자란 사람이 더 개방적이고, 더 열려 있을 거 같지만 사실은 그렇지 않다. 연구 결과에 의하면 오히려 그 반대다. 더 똑똑해 보이는 사람일수록 편견에 더 잘 빠진다. 한 연구 보고서에는 이렇게 적혀 있다.

"도리어 인지 능력이 뛰어날수록 편견의 사각지대가 더 넓은 것으로 밝혀졌다."

이런 편견은 무의식적 편견이라 불린다. 그 편견은 우리의 판단에 영향을 미치지만, 우리 스스로는 그것을 통제하지 못하고, 심지어는 그것이 존재하는지조차 인식하지 못한다. 이 유형의 편견은 긍정적이거나 부정적인 형태로 나타나는 일종의 고정관념으로, 상대에 대한 우리의 관점에 영향을 미치곤 한다.

예를 들어 직업적 편견이 그렇다. 전문직이 아닌 사람이 의사나 판사, 검사와 같은 사람들과 대화를 나눈다면, 그들이 평범한 사람들과는 다른 시각을 가지고 있으며, 의외로 고지식한 면이 강하다는 것을 느낄 수 있다. 물론 그렇지 않은 사람들도 있겠지만, 상당수의 전문직들이 고정관념과 편견에 사로잡혀 있는 경우가 많다.

또 문화적 편견도 무시할 수 없다. 학교에서는 사람을 피부색으로 판단해서는 안 된다고 배우지만, 많은 사람들이 백인에게는 좀 더 우호적이고, 흑인에게는 경계심을 갖는다. 또 장애인을 차별하면 안 된다고 배웠지만, 실제로 장애인과 조우하게 되면 그들을 낮잡아 보는 경우가 많다. 특히 거동이 불편한 지체 장애인일 경우 자신과는 아예 다른 사람으로 보고 무시하는 경우도 많다.

겉으로는 아니라고 하지만, 자기는 일류 대학을 나왔다면서 일반대를 나온 사람을 얕잡아보기도 하고, 대학을 나온 사람은 고졸인 사람을 무시한다. 대기업에 다니는 사람은 중소기업에 다니는 사람을 무시하기도 하며, 중소기업에 다니는 사람은 아르바이트 하는 사람을 낮잡아 본다. 심지어 자신보다 얼굴이 예쁘거나 잘생긴 사람은 더 똑똑할 것이고, 못생긴 사람은 지적이지 못할 것이라는 착각을 하기도 한다.

하지만 이 모두는, 우리가 겉으로는 인정하지 않지만 속으로는 바꾸지 않고 있는 편견일 뿐이다. 무의식적 편견은 스스로 그런 편견을 지녔다는 사실을 인식조차 하지 못하는 만큼, 바꾸기가 훨씬 더 힘들다.

어쩌면 당신은 자신이 편견을 지녔다는 사실을 기꺼이 받아들이려 할지도 모른다. 당신은, 당신 스스로 자신의 편견을 인식하고 있고, 그것을 제거하기 위해 애를 쓰고 있다고 생각할지 모른다. 그리고 그런 생각은 어떤 측면에서는 사실일지 모른다.

하지만 자기 자신의 편견을 인식하는 것만으로 편견을 인식하지 못하는 사람보다 그 편견에 더 잘 대처할 수 있다는 증거는 없다. 게다가 편견이란 문제에 아무리 신경을 많이 쓴다고 해도, 당신의 생각에 영향을 미치는 그 모든 편견을 다 알아차리기는 힘들다. 그래서 그런 편견을 무의식적 편견이라 부르는 것이다.

편견을 깨뜨리기가 얼마나 힘든 것인지 알려주는 말이 있다. 심리학에서 '역류 효과backfire effect'라고 부르는 말이 그것이다.

조지아주립대학과 미시간대학에서 수행된 한 연구에서, 연구자들은 참가자들에게 뜨거운 정치적 이슈와 관련된 일련의 가짜뉴스를 제공해주었다. 그런 뒤 그들은 피험자들에게 그 가짜 기사의 어느 부분이 잘못되었는지 설명해주는 정확한 뉴스 기사를 보여주었다. 그런데 놀랍게도 사람들은 진짜 뉴스 기사를 읽은 뒤, 먼저 읽은 가짜 뉴스를 도리어 더 강하게 신뢰하는 경향을 보였다.

이런 현상을 역류 효과라고 한다. 무언가에 대한 자신의 견해가 틀렸다는 점을 알게 되었을 때, 오히려 원래의 그릇된 신념에 더 고집스럽게 집착하고 싶은 충동이 일어나는 것이다. 하지만 이 과정은 무의식적으로 이루어지므로, 당사자 스스로가 '나도 내가 틀렸다는 걸 알아. 하지만 나는 그 거짓말에 계속 집착할거야'와 같은 식으로 생각하는 일은 일어나지 않는다. 부정확한 정보를 교정하는 행위가 역효과를 일으켜, 사실이 아닌 것에 더 완고하게 집착하도록 만들기 때문에 역류 효과라 부르는 것이다.

역류 효과를 방지하는 방법은 없을까? 혹 열심히 책을 읽고 공부를 한다면 그것을 방지할 수 있을까? 하지만 독서와 공부도 제대로 방향을 잡지 못한다면 역류 효과를 막기는 힘들다. 왜냐하면 우리는 하나의 주제에 대해 매우 잘 안다고 생각했을 때, 그 생각을 지지하는 정보만 찾아 읽기 때문이다.

당신이 읽고 있는 책의 제목들을 잘 살펴보라. 그 책들은 대부분 동일한 가치와 동일한 주제를 가진 책들일 가능성이 높다. 반대되는 가치와 주장을 가진 책들이 같은 책장에 꽂혀 있을 가능성은 매우 희박하다.

무수한 반박 자료에도 불구하고 음모 이론이 계속 지속되는 이유가 바로 여기에 있다. 오바마가 미국 시민이 아니라고 믿거나, 인류는 달에 발을 디딘 적이 없다고 믿는 사람들, 심지어 아직도 지구가 둥글지 않고 네모나다고 믿는 사람들도 있다.

우리가 대화를 하면서 정치적 논쟁을 하지 말아야 하는 이유가 여기에 있다. 정치적 논쟁이 사실에 기반을 둘 수 있다는 점을 확인하는 건 멋진 일이다. 하지만 과연 정치에 대해 논쟁을 벌이느라 힘을 뺄 필요가 있는 것일까? 당신은 뜨거운 정치적 이슈에 대해 이야기를 나눈 후 이런 말을 들어본 적이 있는가?

"그러고 보니 네가 옳아. 내가 틀렸어. 일깨워줘서 너무 고마워."

아마도 그런 일은 거의 없었을 것이다. 정치적으로 같은 견해를 가진 사람이라면 논쟁을 할 필요가 없었을 것이고, 다른 견해를 가진 사람이라면 자기 주장만 하고 끝났을 것이다.

본격적으로 대화에 임하기 전에, 특히 당신 자신과 다른 신념을 지닌 누군가와 대화를 나누게 된다면 스스로에게 이렇게 질문을 던져보라.

'이 대화로부터 무엇을 얻어내길 바라는가?'

'대화가 끝날 무렵 어떤 기분을 느끼길 바라는가?'

아마도 당신은 상대의 마음을 바꿀 수 없을 것이다. 그러므로 당신의 목표는 당신 자신의 인식을 개선하는 것이 되어야 한다. 대화를 통해 상대가 얻게 될 혜택을 결정할 수는 없지만, 당신 스스로 얻게 될 혜택은 결정할 수 있다.

다시 원래의 주제로 돌아와 보자. 당신은 학벌주의자, 인종주의자와 대화하는 것을 꺼리면서도 정작 당신 자신의 위선은 깨닫지 못할 수 있다. 당신 스스로 대화를 나눌 수 없다고 생각하는 그 사람만큼이나 많은 편견의 지배를 받고 있을지도 모르는 것이다. 사실 우리 모두는, 인종이나 성별, 수입, 종교 등과 관련된 무의식적 편견으로부터 자유롭지 못하다.

자기 자신의 편견을 제대로 인식하지도 못하면서 상대의 편견을 교정하겠다는 태도로 대화에 임하는 것은 얼마나 주제넘은 행동인가? 지적 능력과 교육 수준은 우리를 고정관념으로부터 보호해주지 못한다.

결국 다른 사람이 편견을 가지고 나와의 대화에서 이러쿵 저러쿵 충고나 조언을 하는 것이 마뜩잖다면, 내 자신 또한 나보다 못해 보이는 사람에 대해 그렇게 하고 있는 것은 아닌지 되돌아봐야 한다.

무의식적인 편견을 완전히 없앨 수는 없다. 하지만 그 편견을 줄여나갈 수는 있다. 누군가 나에게 불필요한 충고와 조언을 과하게 하고 있다면, 다른 누군가에게는 내가 혹 그런 사람은 아니었는지 돌이켜봐야 한다.

다른 의견을 지닌 상대의 말에 귀 기울이는 동안, 잠시 옆에다 내려놓을 수 없을 정도로 귀중한 신념 같은 건 존재하지 않는다. 내가 그 신념을 말하지 않았다고 해서 그 신념이 사라지는 것도 아니다. 하지만 상대가 듣고 싶어 하지 않는 나의 신념을 강조하다 보면 대화 상대는 곧 사라지고 말 것이다.

솔직하고 정중한 대화의 목표는 상대를 변화시키는 것이 아니라 상대의 마음을 여는 것이다. 이 과정은 당신 자신에게 몇 가지 기본적인 질문을 던지는 것에서부터 시작된다. 당신 자신의 의견이 얼마나 확고하든 간에, 모든 대화에서 이런 질문을 먼저 던져보기 바란다.

"혹시 다른 사람의 의견이 옳은 건 아닐까? 그들은 왜 그런 식으로 생각하는 걸까?"

우리는 의견을 같이하는 사람들과 대화하는 쪽을 더 선호한다. 우리가 이미 품고 있는 견해를 지지하는 뉴스를 듣고 싶어 하고, 우리가 싫어하는 내용을 포스팅하는 사람들과는 아예 친구 관계를 맺지 않으려고 한다. 결국 우리는 우리 자신의 마음을 바꾸고 싶어 하지 않는다. 우리 의견에 맞게 재단되는 것은 비단 정보뿐만이 아니다. 개인적 관계 역시 품고 있는 의견에 따라 결정된다.

그런데 우리는 우리 자신과 의견을 달리하는 사람들과 함께 일하면서 매일같이 그들을 만난다. 만약 우리가 그들과 진솔하고 정중한 대화를 나누지 않는다면, 과연 그들을 진정으로 이해한다고 말할 수 있을까? 바로 우리 앞에 있는 그 사람들과 진솔한 대화를 나누지 않는다면, 복잡한 문제들을 어떻게 해결해 나가겠는가?

저명한 정신과 의사인 스캇 펙 박사는 자기 자신을 옆에 내려놓을 때라야 비로소 진정한 대화가 가능해진다고 말했다. 그는 이렇게 썼다.

"대화 상대가 마음을 열고 있다는 사실을 알게 된다면, 우리는 점점 더 경계를 풀면서, 자기 마음의 심연을 상대에게 기꺼이 털어놓으려 할 것이다."

내가 20여 년 동안 저널리스트 생활을 하면서 배운 가장 큰 교훈은 이것이다.

"모든 사람이 내게 가르쳐줄 무언가를 지니고 있다."

만일 당신이 자신의 견해를 납득시키기 위한 수단으로 대화를 활용하지 않을 수 있다면, 당신은 지금까지 자신이 무엇을 놓쳐왔는지 깨닫게 될 것이다.

당신은 자아가 사라진 빈 공간으로 정보가 쏟아져 들어오는 모습을 보면서, 새롭게 드러난 지식과 관점, 통찰, 경험들에 압도당하게 될 것이다. 당신은 자기 이야기를 하는 데만 몰두하느라 지금까지 듣기를 거부해 온 이야기들을 비로소 듣게 될 것이다. 무언가 배우려는 태도로 모든 대화에 임한다면, 당신은 결코 실망하지 않을 것이다.

자기 견해를 분명히 표현하고 싶다면 블로그에다 글을 써라. 하지만 상대방과 대화를 나누고 싶다면 자신의 견해를, 최소한 잠시 동안만이라도, 한편으로 치워놓아야 한다. 이것을 한 번 경험해 보면, 아마도 이전의 태도로 되돌아가고 싶은 마음이 사라질 것이다. 당신은 자신이 이전보다 성장했음을 깨닫게 될 것이다.

말센스 03

질문을 통해 관심과 사랑을 표현한다

"

상대에게 질문을 하라.
감명 깊게 읽은 책은 무엇이며,
가고 싶은 여행지는 어디인지,
어떤 영화를 재미있게 봤고,
어떤 가수를 좋아하는지,
제일 하고 싶은 것은 무엇이며,
가장 하기 싫은 것은 무엇인지.
상대에 대한 호기심의 표출은, 내가 상대를
사랑하고 있다는 가장 큰 증거다.

"

•••

다음 두 가지 질문을 읽어 보고, 어떤 점에서 두 질문의 성격이 다른 것인지 생각해 보자.

1

"바람이 시속 160킬로미터 이상의 속도로 휘몰아쳤습니다. 집들이 완전히 무너져 내린 것 같네요. 많이 두려우셨나요?"

2

"풍속이 강한 회오리바람에 휩쓸렸을 당시 심정이 어떠셨나요?"

사람들로부터 흥미로운 이야기를 끌어내기 위해 리포터들이 사용하는 고전적 수법이 하나 존재한다. 여섯 개의 단어 즉, '누가, 언제, 어디서, 무엇을, 어떻게, 왜' 가운데 하나를 사용해 질문을 던지는 것이다.

이 기법을 '개방형 질문 던지기'라고 한다. 당신이 기억할지 모르지만, 우리들 대부분은 면접이나 데이트 상황에서 이런 질문을 많이 받는다. 개방형 질문의 가장 큰 특징은 단순히 "예"나 "아니오"로 답변을 할 수 없다는 것이다.

질문은 상대로부터 답을 끌어내기 위한 것인데, 대체로

질문의 내용이 상세할수록 답변은 짧아지고, 질문의 내용이 단순할수록 답변은 길어진다.

상세한 질문이 종종 한 단어로 된 답변만 이끌어내듯이, 가장 간단한 질문이 때로는 가장 복잡한 답변으로 이어지기도 한다.

예를 들어, 마을을 휩쓸고 지나간 회오리바람에 대해 마을 주민을 인터뷰하면서, "바람이 시속 160킬로미터 이상의 속도로 휘몰아쳤습니다. 집들이 완전히 무너져 내린 것 같네요. 많이 두려우셨나요?"라고 질문을 한다고 해보자. 그러면 아마도 이런 답변을 듣게 될 것이다.

"네, 정말 무섭고 두려웠어요."

하지만 이 사람에게 "회오리바람에 휩쓸렸을 당시 기분이 어떠셨나요?"라고 물으면, 아마도 훨씬 더 흥미로운 답변을 듣게 될 것이다. 그리고 계속해서 "무슨 소리를 들으셨나요?", "바람이 어떻게 느껴지던가요?" 같은 질문들을 던질 수도 있다. 이런 질문들은 논의를 위한 장을 마련해주는 만큼, 전부 개방형 질문들이라 할 수 있다.

개방형 질문들은 상대에게 그 자신만의 언어로 무슨 일이 일어났는지 묘사할 수 있도록 공간을 마련해준다. 어쩌면 "두렵다"란 표현은 당시의 기분을 묘사하기에 적합한 단어가 아닐지도 모른다. 개방형 질문은 그들 자신만의 느낌이나 생각을 말하도록 사람들을 격려해준다.

나는 스튜디오 밖에서조차 이 전략을 사용하기 위해 매일 같이 의식적으로 노력한다. 혹시 아이에게 학교에서 무슨 일이 일어났는지 말하도록 하는 데 어려움을 겪어본 적이 있는가? 나도 그런 적이 있다.

그래서 나는 "역사 시간에 무슨 일이 일어났니?", "선생님이 뭐라고 하셨니?"와 같은 개방형 질문을 활용한다. 물론 그런 질문을 던졌음에도 가끔씩 내 아들은 "별일 없었어요"처럼 짧은 답변을 하기도 한다. 하지만 내가 개방형 질문을 던질수록 아들이 상세하고 긴 답변을 할 가능성은 커진다.

개방형 질문과는 반대로 폐쇄형 질문이라는 것이 있다. 폐쇄형 질문이란 "예"와 "아니오"로 답할 수 있는 질문이다. 예를 들면 이런 것이다.

"휴대폰이 고장났니?"

"집까지 태워다줄까?"

대화라는 것이 맥락에 의존하는 만큼, 개방형 질문이 더 좋다거나 폐쇄형 질문이 더 나쁘다고 단정지을 수는 없다. 앞에서 내가 설명한 얘기를 들으면 개방형 질문이 더 좋은 듯하지만, 최대한 빠르고 효과적으로 정보를 얻어내기 위해 애쓰는 중이라면, 폐쇄형 질문을 던지는 것이 더 나을 때도 있다. 폐쇄형 질문은 구체적이고, 간단명료하며, 빠른 답변을 이끌어내기 때문이다.

그렇지만 폐쇄형 질문에는 쉽게 알아차리기 힘든 또 다른 측면이 존재한다. 폐쇄형 질문을 던짐으로써 질문자가 대화에 대한 통제권을 계속해서 보유한다는 점이다.

반대로 개방형 질문은 대화의 통제권을 상대방에게 넘겨준다. 개방형 질문을 던지는 것은 '캐치볼 게임'에서 공을 상대방에게 던져주는 것에 해당된다. 따라서 '왜'나 '어떻게'로 시작되는 질문을 받은 상대방은 자신이 원하는 대로 마음껏 답변을 이어나갈 자유를 누릴 수 있다.

내가 조지아 공영 방송국에서 진행되는 라디오 쇼를 시작하기 위해 애틀랜타시로 이사를 갔을 때의 일이다. 그곳에는 우리의 뉴스쇼 때문에 학생들이 운영하던 음악 방송이 사라지게 되었다며 항의를 하던 사람들이 있었다. 특히 한 청년은 매일같이 내게 화가 섞인 메시지들을 보내왔고, 때로는 나와 방송국에 관한 부정적 코멘트를 트위터 상에

올리기도 했다.

나는 그에게 같이 점심 식사를 하자고 제안했다. 물론 그 제안을 하면서 그와 만나는 일이 좀 걱정되기도 했다. 그 청년은 분명 화가 나 있었고, 그 화의 일부는 나라는 개인을 향한 것이기도 했기 때문이다.

나는 그 학생과 논쟁이 일어날까 봐 걱정됐다. 무슨 수를 써서라도 논쟁만은 피하고 싶었다. 그래서 나는 되도록 간단한 개방형 질문만 던지기로 결정했다. 예를 들면 이런 질문이다.

"왜 그토록 화가 난 거니?"

"방송국의 새로운 계획이 무엇인지 알고 있니?"

"낮 동안 뉴스 방송이 나간다면 네 생활이 어떻게 변화될까?"

"내 뉴스쇼에 대해 궁금한 점은 없니?"

나는 개방형 질문을 통해 그에 관한 온갖 종류의 흥미로운 사실들을 알게 되었다. 예컨대, 그는 오래된 라디오를 수집하고 수리하는 것을 취미로 삼고 있었다. 또 내가 생각했던 것보다 훨씬 더 라디오 음악 방송에 대한 애정을 가지고 있었고, 내가 예상했던 것보다 훨씬 더 열정적으로 방송을 진행하고 있었다.

개방형 질문 위주로 진행된 대화는 그 학생의 생각을 이해하는 데 많은 도움을 주었다. 그리고 대화에 대한 내 부담을 많이 덜어주었는데, 왜냐하면 내 쪽에서 많은 정보를 제공할 필요가 없었기 때문이다. 나는 그의 느낌이나 생각을 자극하지 않은 선에서 질문을 함으로써, 그 학생이 자기 자신에 대해 많은 이야기를 할 수 있도록 해주었다. 결국, 우리는 함께 기분 좋은 점심시간을 보낼 수 있었다.

내가 이러한 예를 통해 말하려는 것이, '개방형 질문을 활용하는 것이 항상 최선의 전략'이라거나, '개방형 질문이라면 모든 것이 다 좋다'라는 것은 아니다. 이것을 설명하기 위해 또 다른 예를 보도록 하자.

일자리를 얻기 위한 면접을 하다 보면 우리는 다음과 같은 개방형 질문을 받게 되곤 한다.

"당신의 가장 큰 약점은 무엇입니까?"

"5년 후의 계획은 무엇입니까?"

"왜 이 직업을 택했습니까?"

이런 질문들은 개방형 질문이긴 하지만, 이런 질문에 정직하게 답변하는 사람은 많지 않다. 개방형 질문이라고 언제 어떤 상황에서도 다 좋은 결과를 가져오는 것은 아니라는 말이다.

또 개방형 질문 중에는 의도와는 다르게 상대방을 불편하게 만드는 것도 있다. 예를 들어 연인과 헤어진 사람이나 친한 사람과 사별한 사람에게 "지금 기분은 어떠신가요?"라고 묻는 것은 불편할 뿐만 아니라 예의 없는 것이 된다.

질문의 질을 향상시키려면, 우선 질문을 많이 던져 봐야 한다. 대부분의 사람들은 의외로 대화 중에 질문을 잘 하지 않는다. 왜 그런지는 잘 모르겠지만, 자기중심적으로 대화를 이끌어가려는 우리의 성향과 어느 정도 관계가 있을 것이라고 추정해볼 수는 있다. 하지만 그 이유야 어찌되었든 대화 중에 질문이 없다는 건 매우 유감스러운 일이다. 질문에는 대화를 이끌어가는 실로 강력한 힘이 담겨 있기 때문이다.

질문은 당신의 배려를 나타내고, 상대를 향한 관심과 사랑을 표현하는 것이다. 나는 내성적인 사람들로부터 말을 이끌어내고, 아이들을 격려하며, 간과된 사실들에 대한 주의를 환기시키는 데 질문을 활용해 왔다. 친구가 어려움에 처해 있을 경우, 나는 질문을 던지는 것으로만 내 역할을 제한하기도 한다. 그래서 가장 동정심 많고 인내심 많은 대화 전문가 중 한 명인 프레드 로저스는 언젠가 질문의 힘을 이렇게 묘사한 바 있다.

"힘들고 어려운 시기에 우리가 서로에게 해줄 수 있는 최상의 일은 귀와 가슴을 열고 상대의 말을 들어주는 것입니다. 질문도 답변 못지않게 중요하다는 사실을 깨달아야 합니다."

진지한 질문은 우리를 그다지 좋아하지 않는 사람들의 마음조차 열어젖힐 수 있다. 사회 심리학자인 로버트 치알디니는 《설득의 심리학》이라는 유명한 책에서 당신을 싫어하는 사람을 당신 편으로 끌어들이기 위한 두 가지 전략을 제시한다.

그 하나는 '칭찬을 해주는 것'이고, 다른 하나는 '조언을 구하는 것'이다. 조언을 구하라는 것은 결국, 질문을 던지라는 것이다! 상대가 감명 깊게 읽은 책이 무엇인지, 직장에서 마주치는 문제에 어떻게 대처하는지, 가장 힘들어하는 것은 무엇인지, 만약 당신이 나라면 어떻게 하겠는지 등 나와 상대의 관계를 끈끈하게 만들 수 있는 질문을 던져라.

상대가 가장 좋아하는 휴양지가 어디인지, 12살짜리 조카에게는 어떤 선물이 좋을지, 사랑하는 이에게는 어떻게 고백해야 할지 등 아주 사적인 질문을 던진다면 더욱 가까워질 수 있다.

장담하건대, 당신은 질문을 주고받음으로써 온갖 종류의 개인적인 사실들에 대해 알게 될 것이고, 당신이 알지 못했던 새로운 이야기를 듣게 되는 즐거운 경험도 하게 될 것이다. 질문은 상대와의 거리를 좁힐 뿐 아니라, 내가 가진 경험과 지식의 한계를 뛰어넘게 만들어주기도 한다.

하지만 그렇다고 아무렇게나 질문을 던져도 좋다는 말은 아니다. 질문을 던지는 것에도 기술이 필요하다. 앞서 얘기했던 것처럼 잘못된 질문은 오히려 사람을 불편하게 만들 수 있고 관계를 망칠 수 있기 때문이다.

처음 만나는 사람의 마음을 열기 위해서는 그 사람에 대해 충분히 알아두는 게 필요하다. 특히 나처럼 유명인과의 만남이 잦은 사람은 유명인에 대한 사전조사가 필수다. 그러고 나서 그들이 전에는 한 번도 들어보지 못했을 듯한 질문을 던져야 한다. 그러면 그들과 훨씬 더 가까워지고 다른 인터뷰어가 얻지 못했던 것을 얻을 수도 있다.

나는 누군가가 나를 놀란 눈으로 바라보며 "와, 훌륭한 질문이군요! 어떻게 대답을 해야 할지 감이 잘 안 잡히네요"라고 말할 때 가장 큰 칭찬을 받은 느낌이다. 훌륭한 질문을 던지려면, 순수한 호기심을 품은 상태로 상대의 말을 주의 깊게 경청할 필요도 있다.

일단 좋은 질문을 던졌다면, 답변을 위한 충분한 시간을 상대방에게 허용해 주어야 한다. 침묵을 두려워해서는 안 된다. 침묵은 상대방이 생각하고 있다는 것을 의미하는 경우가 많으므로, 그들의 답변 역시 사려 깊은 것이 될 가능성이 높다. 그와 관련하여 신경과학자인 세스 호로비츠는 이렇게 말한 바 있다.

"듣는 사람에게 일련의 단어나 소리를 들려준 뒤 오랜 시간 동안 침묵을 유지하면, 그들의 뇌 속에 있는 특정한 세포군이 신호를 찾아나서기 시작합니다. 그런데도 일정한 시간 동안 신호가 나타나지 않으면, 그 침묵 상태는 뇌 속에 있는 흥분 중추와 감정 중추를 자극하기 시작하지요. 이처럼 침묵은 의사소통의 중요한 부분이지만, 사람들은 그 가치에 별로 주의를 기울이지 않습니다."

그의 말은 결국, 침묵이 잠들어 있던 두뇌를 일깨우는 역할을 한다는 것이다. 그러므로 대화 도중 침묵을 위한 시간과 공간을 마련한다면, 당신은 당신 자신과 상대방의 마음을 대화 속으로 더 깊이 끌어들일 수 있다.

개방형 질문을 제대로 던지려면 계속해서 훈련을 거듭할 필요가 있다. 모든 질문을 '누가', '언제', '어디서', '무엇을', '어떻게', '왜'로 시작하기는 힘든 일이다. 나는 내가 던지는 질문의 절반 정도를 이 여섯 단어로 시작하려고 노력하지만, 그것이 쉽지 않은 경우가 많다. 하지만 제대로 된 개방형 질문을 던진 뒤 받게 되는 답변은 확실히 그 질 자체가 다르다. 그래서 소설가인 제임스 스티븐스는 이렇게 썼다.

"우리는 질문을 던짐으로써 현명해진다. 그 질문에 대한 답변이 주어지지 않는다 하더라도 현명해지는 건 마찬가지다. 속이 꽉 찬 질문은, 집을 달고 다니는 달팽이처럼, 답변을 등 뒤에 달고 다니기 때문이다."

질문은 때때로 하나의 영감이 되기도 하고, 더 많은 탐색과 발견을 위한 자극제가 되기도 한다. 우리가 맺게 되는 훌륭한 관계의 대부분은 간단한 질문에서부터 시작된다.

말센스 04

대충 아는 것을 잘 아는 척하지 않는다

"

가 보지도 않은 여행지를 가 본 것처럼 말하지 말고,

보지 않은 영화를 본 것처럼 말하지 말라.

그 아는 척이 상대를 곤경에 빠트릴 수도 있다.

모르는 것은 부끄러운 것이 아니다.

진짜로 부끄러운 것은

모르는 것을 아는 척하는 것이다.

"

• • •

2009년, 인기를 누리던 도미노피자가 살아남기 위해 몸부림을 치고 있었다. 판매량은 큰 폭으로 하락했고 주가 역시 바닥을 친 상태였다. 이 회사의 피자는 음식 콘테스트에서조차 공동으로 최하위를 기록했다.

빠른 시간 내에 무언가 근본적인 조치를 취해야만 했다. 고민 끝에 도미노피자가 내놓은 조치는 비상식적으로 보였다. 대놓고 자사의 실수를 인정하는 매우 독특한 광고 캠페인을 벌이기 시작한 것이다. 도미노피자는 고객들에게 그동안 나쁜 피자를 만들어 왔노라고 고백을 했다.

한 텔레비전 광고에서 그들은, 피자 파이를 '카드보드지'에 빗대면서 '평생 먹어본 피자 중 최악'이라고 표현했고, "맛이 아예 안 난다"고 불평을 하는 고객들의 말을 그대로 내보냈다. 이 광고에서는 고객들의 혹독한 비판이 담긴 이미지들을 다양한 영상에 담아 보여주었고, 광고 막바지에 새로운 조리법을 고안했다는 사실을 알리면서, 고객들에게 한 번만 더 기회를 달라고 호소했다.

훗날 도미노피자의 최고경영자는 이 광고를 내보낼 당시 무서워서 죽을 뻔했다고 고백을 했다. 이런 광고는 무시무시한 역효과를 불러일으킬 수도 있었기 때문이다. 하지만 다행히 역효과는 없었다. 이 광고 캠페인은 프랜차이즈 업계 역사상 가장 놀라운 혁신을 촉발시킨 것으로 널리 인정을 받았다. 광고가 나간 다음 해, 피자의 판매량이 거의 14%가량 치솟았고, 도미노피자의 주가 역시 130%나 급등했다. 이 회사는 정직성을 놓고 도박을 벌인 것이었는데, 그 결과는 대성공이었다. 모건스탠리의 존 글래스는 그 광고와 관련하여 이렇게 말했다.

"사람들은 광고에 등장하는 거짓말에 신물이 나 있었습니다. 솔직함이 통한 것이지요."

당신이 부모라면 아마도 아이에게, 거짓말은 문제를 해결하기보다 더 많은 문제를 불러일으킬 뿐이라고 가르쳐 본 적이 있을 것이다. 그런데 이 원칙은 성인들 사이의 대화에도 마찬가지로 적용된다. 그렇다고 당신의 남편(아내)에게 그의 노래 실력이 어떤지 솔직하게 말해야 한다는 뜻은 아니지만, 대부분의 경우에 진실을 말하는 것이 최선이라는 사실에는 변함이 없다.

물론 나도 항상 완전한 진실만을 말하는 것이 불가능하다는 점을 잘 알고 있다. 하지만 점심 약속 시간을 지키지 못한 이유나 아이의 축구 경기에 참석하지 못한 이유에 대해 가끔씩 작은 거짓말을 하는 것은, 진실이 아님을 잘 알거나 진실 여부가 확실치 않은 '사실'을 누군가에게 말하는 것과 완전히 다르다. 나는 확실히 알지 못하는 것들에 관해 말하는 것을 피하는 일은 충분히 가능하다고 생각한다. "잘 모른다"고 솔직히 고백하는 것을 불편해할 이유는 없는 것이다.

진실을 말하는 것이 중요한 이유로는 두 가지를 들 수 있다. 첫째는 솔직한 고백을 통해 신뢰를 얻고 정직하다는 인상을 줄 수 있기 때문이고, 둘째는 자신 역시 오류를 범할 수 있다는 사실을 인정함으로써 겸손해질 수 있기 때문이다.

아마도 도미노피자의 광고 캠페인이 공감을 불러일으킬 수 있었던 이유는, 사람들이 회사의 겸손함과 솔직함에 깊은 인상을 받았기 때문일 것이고, 누구나 잘못을 (더구나 자신에게 큰 피해를 줄 수 있는 잘못을) 인정하는 것이 쉽지 않은 일임을 알고 있기 때문이다. 자신의 실수나 지식 부족을 인정하는 것이 약점을 시인하는 것처럼 느껴질지도 모르지만, 이런 태도는 상대와 강력한 공감대를 형성하도록 도와주기도 한다.

라디오에서 생방송으로 인터뷰를 진행할 때, 사람들은 대체로 말을 매우 조심스럽게 한다. 바로 앞에 커다랗고 위협적인 마이크가 놓여 있고, 프로듀서들이 유리창을 통해 지켜보고 있는 데다, 수많은 사람들이 자기 말을 듣고 있다는 사실 또한 잘 알고 있기 때문이다. 이 모든 요소들은 그들이 하는 말이 곧 공식 기록의 일부가 되어 인터넷상에 수년 혹은 수십 년 동안 떠돌게 될 것이라는 점을 상기시켜준다. 그렇기 때문에 그들은 보통 자신이 하는 말을 매우 신중하게 선택한다.

하지만 일상적인 대화 상황에서는 많은 사람들이 말을 부주의하게 사용하는 경향이 있다. 예를 들어 한 친구가 자동차가 고장이 났다고 말하면, 우리는 마치 자기가 정비사라도 되는 양 자신이 알고 있는 자동차 부품에 대한 지식을 늘어놓는다. 그리고 직장 동료가 세금에 대한 고민을 얘기하면 마치 세무사나 회계사라도 되는 양 절세 방법에 대해 얘기한다. 세율이 정확히 기억나지 않는다고? 괜찮다! 그냥 생각나는 대로 찍으면 된다. 신문에서 읽어 본 것이 전부라고? 무슨 상관인가. 틀리면 다시 정정하면 될 일을. 어쨌든 대강이라도 알고 있는 것 아닌가?

대화에 자신의 의견을 더하고 싶은 욕구를 뿌리치는 것

이 쉽지는 않겠지만, 나는 정확히 알지 못하는 사실에 대해 말하는 것을 피하라고 강력히 권한다. 아주 약간의 지식만 가지고 있는 주제들에 대해 의견을 제시하는 것도 피하는 것이 좋다.

예를 들어 누군가가 페이스북에다 포스팅한 기사를 두세줄 정도 읽는 것은, 무엇이 진실인지 "아는 것"과 분명히 다르다. 또 관련된 경험을 조금 해보았다고 해서 전문가가 되는 것도 아니다. 즉 아기를 키워봤다고 해서 임신과 관련된 모든 사실을 다 아는 건 아니고, 1년에 몇 번 필드에서 골프를 쳤다고 프로 골프선수가 되는 것도 아니다. 그럼에도 불구하고 실제로 아는 것보다 더 많이 아는 척 가장한다면, 당신은 결국 다른 사람에게 질 나쁜 충고를 하게 되거나, 제대로 된 전문가의 조언을 구하지 못하도록 그를 방해한 것이 되고 만다. 그래서일까? 위대한 시인인 알렉산더 포프는 다음과 같이 말했다.

"가장 위험한 짓은 조금만 배우는 것이다."

잘 알지 못하는 것을 아는 체하거나 특정한 주제에 대해 실제보다 잘 알고 있는 것처럼 행동하는 데는 몇 가지 이유가 있다.

첫 번째 이유는, 사람들에게 나에 대한 깊은 인상을 남기고 싶기 때문이다. 다른 사람이 나에 대해 똑똑하다고 생각해주길 바라는 것은 자연스러운 일이다. 하지만 역설적인 것은, 확실히 알지 못하는 것에 대해 장황하게 말하는 사람은 아무 말도 하지 않는 사람보다 덜 지적으로 보인다는 것이다. 그런 사람은 단어의 뜻도 제대로 이해하지 못하면서 거창한 용어를 사용하는 어린아이와 다를 바가 없다.

가식적으로 행동하게 되는 또 다른 이유는, 우리가 다른 사람에게 도움을 요청하는 것을 꺼려하기 때문이다. 가레트 카이저는 자신의 책《도움 : 인간의 근원적인 딜레마》에서 대부분의 사람들이 다른 사람에게 도움 구하는 것을 회피하는 경향이 있다고 주장했다. 카이저는 〈뉴욕타임즈〉와의 인터뷰에서 이렇게 말한 바 있다.

"사람들은 도움을 요청하는 것이 일종의 결함인 것처럼 행동하는 경향이 있습니다. 이런 성향은 고도로 경쟁적인 사회 환경에서 더더욱 악화되지요. 사람들은 경계를 늦추고 약점을 드러내 보이면 어떤 식으로든 피해를 입을 것이라고 생각하면서 불안해합니다. 충분히 이해할 수 있는 일이지요."

고도로 전문화된 사회에서 어떤 일에 대해 누군가에게 도움을 요청하는 것은 마치 자신이 그 일에 대해 무지하거나 잘 알지 못한다는 인상을 심어줄 가능성이 크다. 이러한 사회적 분위기는 일상적인 상황으로까지 이어져 우리들 대부분은 작은 도움이라도 받길 꺼려 한다(그래서 심지어 길을 물어보는 것조차 꺼려하는 사람도 있다).

물론 학생도 아닌데 자신의 무지를 인정하면서 다른 사람에게 지식을 구하는 일이 불편하게 생각될 수 있다. 그건 마치 자신의 약점을 노출시키는 것처럼 느껴질 것이다. 하지만 그렇다고 해서 무지를 인정하지 않거나, 사실이 아닐지도 모르는 이야기를 늘어놓는다면, 당신은 결국 친구나 동료들의 신뢰를 잃게 될 것이다.

'나'에게 도움을 요청하는 그 사람을 진심으로 돕고 싶은 마음에 가끔씩 우리는 제대로 알지 못하는 정보를 제공하기도 한다. 예컨대 다른 지역에서 온 당신의 친구가 식당 추천을 부탁했다고 해보자. 당신은 즉각적으로 매일 퇴근길에 지나다니는 한 식당을 추천해 준다. 그런데 그 식당에서 당신은 식사를 해 본 적 없다. 다만 당신은 그 식당의 외양이 좋아 보였고 가끔씩 사람들이 음식을 맛있게 먹는 모습을 보았을 뿐이다.

그런데 과연 그것이 옳으면서도 적절한 대응일까? 만일 당신의 친구가 당신 말만 믿고 그곳에서 식사를 했는데 음식 맛이 끔찍했다면 어떻게 될까? 친구는 당신에 대한 신뢰를 잃고 다음부터는 당신이 하는 거의 모든 말을 믿지 않게 될 것이다.

내가 직접 경험하지 않았거나 확실하게 모르는 것에 대해서는 정직하게 모른다고 해야 한다. 만약 음식을 맛 보지 못한 식당을 굳이 추천하고 싶다면, 먹어 본 적 있는 것처럼 추천할 것이 아니라 솔직한 태도로 추천해야 한다. 즉 그곳에서 음식을 먹어본 적은 없지만, 메뉴들이 좋아 보였고, 그 음식을 먹는 사람들이 행복한 표정을 지었다고 말이다.

다른 예를 하나 더 들어보자. 마이크가 맨디에게 다음과 같이 물었다고 하자.

"이 영화가 끌리긴 하는데, 볼 가치가 있는 영화인지 확신이 안 서네. 넌 이 영화 어떻게 생각해?"

맨디 역시 아직 이 영화를 보지 못했다. 그녀는 30초 분량의 트레일러만 봤고, 친구의 페이스북에 적힌 부정적 코멘트만 읽은 상태다. 따라서 그녀 앞에는 두 가지 선택지가 놓여 있다. 즉, 그녀는 영화에 대해 잘 알지 못한다고 인정할 수도 있고, 마치 영화를 이미 본 것처럼 "이 영화 별로야, 보지 마"라고 말할 수도 있다.

나는 이 사례를 상상 속에서 끌어낸 것이 아니다. 이런 일이 최근 내게 실제로 일어났다. 내 친구가 영화도 보지 않고 나에게 아는 척을 한 것이다. 상대가 영화를 보지 않았는지 내가 어떻게 아느냐고? 친구가 영화가 별로라고 말했을 때 내가 "이 영화 벌써 봤어? 어떤 점이 별로였는데?" 라고 물어봤기 때문이다. 그제야 친구는 영화를 아직 보지 않았다고 말했다.

이후 나는 이 친구에 대한 내 생각이 약간 안 좋아졌다. 엄밀히 말해 그녀가 거짓말을 한 것은 아니었지만, 어쨌든 거짓말처럼 느껴졌기 때문이다.

스티븐 레빗과 스티븐 더브너의 책 《괴짜처럼 생각하라》에는 '영어에서 가장 말하기 어려운 세 단어'라는 제목이 달린 장이 포함되어 있다. 당신은 그 세 단어가 무엇이라고 생각하는가? 나는 처음 그 세 단어가 "사랑해요 I love you"일 거라 생각했다. 하지만 저자들이 내놓은 답은 의외였다. 저자들이 말한 그 세 단어는 "몰라요 I don't know"였다.

그들은 이와 관련하여 한 연구 결과를 인용했다. 연구자들은 5세에서 8세 사이의 아이들에게 일련의 질문들을 던졌는데, 아이들의 75퍼센트 정도가 답을 알지 못할 때조차 질문에 "예" 혹은 "아니오"라고 대답했다고 한다.

이 연구를 이끈 여성은 리즈대학교에서 발달심리학을 가르치는 아만다 워터맨 교수였다. 어린아이들만 그럴까? 워터맨 교수는 어린아이만 그럴 거라고 생각하는 사람들의 선입견을 깨기 위해 성인들을 대상으로 같은 테스트를 진행했다. 그 결과, 성인 네 명 중 한 명이 제대로 알지 못하는 내용을 아는 체한 것으로 나타났다. 거짓이 들통날지도 모른다는 두려움이 거짓말을 막아줄 것이라고 생각할지도 모르지만, 우리 가운데 25퍼센트 정도는 그런 두려움조차 별로 느끼지 못하는 것 같다.

워터맨 교수에 의하면, 우리는 우리보다 힘이 있거나 높은 지위에 있는 사람과 대화할 때, 무지를 더 인정하지 않는 경향이 있다고 한다. 그녀는 이렇게 말했다.

"아마도 무지를 시인하면 불이익을 당할 거라고 느끼는 것 같습니다. 사람들은 자신이 할 수 있다는 사실을 증명하고 싶어 하지요. 그러니 자신이 모른다는 사실을 인정할 때는 마음이 편치 않을 겁니다."

스티븐 레빗은 전문가인 척 가장하고자 하는 유혹이 비즈니스의 세계에서 특히 더 강하게 나타난다고 주장한다.

그는 자신이 가르치는 MBA 과정의 학생들이 '마치 해답을 아는 것처럼 꾸미는 것'에 매우 능숙하다고 말한다. 하지만 그는 계속해서 "성공할 때까지 속이자"는 식의 정신 자세가 완전히 비생산적이라고 말한다. 그 이유에 대해 그는 이렇게 말했다.

"그런 태도가 직업을 한 주나 한 달 정도 더 유지하는 데 도움이 될지는 모른지만, 중요한 것은 그런 것이 아닙니다. 진정한 목적은 좋은 사람이 되고, 성장하고, 배우고, 상황을 개선시키는 것인데, 그렇게 하려면 먼저 '잘 모릅니다'라고 말하는 법부터 배워야 합니다."

아는 척하는 태도가 단순히 비생산적인 결과를 낳는 것으로 그치는 것은 아니다. 잘 알지 못하는 것을 아는 것처럼 가장할 경우, 당신은 당신 자신의 잠재력을 제한할 뿐만 아니라, 주변인들의 신뢰에서 오는 혜택까지도 잃어버리게 된다.

영화 이야기로 다시 되돌아가 보자. 내가 친구에게 왜 그런 견해를 품게 된 것인지 더 물어보지 않았더라면, 아마도 나는 그 영화를 보러 가지 않았을 것이다. 그리고 내가 만약 그녀의 잘못된 조언을 신뢰했다면 나는 결과적으로 큰 손실을 입었을 것이다. 왜냐하면 나는 그 영화를 매우 즐겁게 관람했기 때문이다. 사실 나는 그 영화가 너무나도 좋아서 몇 주 뒤에 한 번 더 관람하기까지 했다.

만약 상대에게 구하는 조언의 주제가 영화가 아니라 더 심각하고 중요한 주제라면 어찌 되겠는가? 일례로 우리 시대 가장 인정받는 전문가들인 의사들이 그렇다. 많은 의사들이 환자의 문제가 무엇인지 모른다는 사실을 털어놓기가 힘들다는 점을 인정한다. 〈허핑턴 포스트〉와의 인터뷰에서 신경학자인 니콜라스 카포졸리는 이 문제가 의사들 사이에서 흔하다고 주장하면서 이렇게 말했다.

"의사들은 자기 자신과 환자들에게 무지를 고백하는 것에 대해 불편해하는 경향이 있습니다. 그들은 질병의 원인이나 치료법이 무엇인지 모른다는 사실을 인정하는 것이 자신의 능력과 권위, 전문성에 위협이 된다고 느끼곤 하지요."

스튜어트 폭스맨 박사는 온타리오주 내과학회지에 이 문제를 다룬 칼럼을 기고한 바 있다. 그는 정말로 치료법을 잘 모를 때마다 환자들에게 "잘 모르겠습니다"라고 말하는 내과의사의 이야기를 들려주었다. 그 내과의사는 그런 말을 들려주는 실험을 한 것인데, 실험 결과는 의외였다. 그 말을 들은 환자 중 상당수가 그 말을 들은 후 "의사에게 더 신뢰가 갔다"고 말했기 때문이다. 폭스맨 박사는 이렇게 썼다.

"환자들도 의사의 지식에 한계가 있다는 점을 잘 안다. 하지만 환자들은 자신의 의사가 최선을 다하고 있다는 확신을 얻고 싶어 한다. 그 확신은 의사가 '잘 모르겠습니다. 하지만 밝혀내겠습니다'라고 말할 때 생겨난다."

대화는 관계의 기반이며, 관계는 신뢰를 토대로 한다. 당신은 '자기 지식의 한계에 대해 더 솔직해지면 질수록, 사람들이 당신의 의견에 그만큼 더 무게를 둔다'는 사실을 발견하게 될 것이다. 그러니 무언가에 대해 잘 모를 때는, 솔직히 "잘 모릅니다"라고 말하라. 이 말이 당신과 상대 사이의 유대감을 강화시켜줄 것이다. 뿐만 아니라 그런 솔직함은 더 많은 배움과 성장으로 향하는 문이 되어주기도 한다. 무언가를 배우려면 배워야 할 무언가가 있다는 사실부터 인정해야 한다.

말센스 05

귀가 아닌 마음으로 듣는다

"

진정한 듣기는 '수동적'이 아닌 '능동적'이어야 한다.

수동적인 듣기란 단순히 상대의 말에 응답하기 위해 듣는 것이고,

능동적인 듣기란 상대의 입장을 이해하기 위해 듣는 것이다.

상대의 말뿐 아니라 그의 어조와 몸짓도 살펴라.

귀로만 듣지 말고 마음으로 들어라.

"

• • •

2003년, 라디오 프로듀서인 데이비드 아이세이는 야심 찬 새 프로젝트를 위한 아이디어 하나를 떠올렸다. 그것은 흥미진진한 아이디어였고, 오래지않아 국제적인 관심을 끌기 시작했다. 하지만 그 아이디어는 진실로 새로운 것은 아니었다.

내가 이렇게 말하는 건 데이비드를 비방하기 위해서가 아니다. 그보다는 그에게 영감을 제공해 준 원천, 즉 방송계의 전설인 스터즈 터클에 대해 이야기하고 싶기 때문이다. 96세의 나이로 삶을 마감할 때까지, 터클은 라디오 방송과 관련된 거의 모든 직업을 경험해 보았다. 그는 라디오 드라마의 캐릭터를 연기했고, 뉴스를 보도했으며, 광고를 제작했고, 심지어는 시카고 지역에서 그 자신의 쇼 프로그램인 〈스터즈 터클 프로그램〉을 진행하기도 했다. 그는 그 쇼 프로그램에서 도로시 파커와 마틴 루터 킹 주니어, 밥 딜런, 테네시 윌리엄스를 비롯한 수많은 유명 인사들을 인터뷰했다.

하지만 내가 터클에 대해 얘기하고 싶은 건 유명인사와의 인터뷰가 아니라, 터클에게 퓰리처상을 안겨준, 언뜻

보면 평범하지만 실제로는 가장 특별한 인터뷰에 관한 것이다. 터클이 유명해진 건 지극히 평범하고 특별할 것도 없는 사람들과 나눈 대화를 통해서이다. 터클은 수천 시간 분량의 대화 녹음 파일을 모으면서 수년의 시간을 보낸 바 있다. 그는 가정집 문을 두드리고, 저녁 식사를 함께하고, 사람들의 이야기를 들으면서 미국 전역을 돌아다녔다. 그는 2차 세계대전과 대공황을 겪은 사람들에게 질문을 던진 뒤 조용히 앉아 그들의 말에 귀를 기울였고, 그 대화를 있는 그대로 녹음테이프에 기록했다.

《일 : 누구나 하고 싶어 하지만, 모두들 하기 싫어하고, 아무나 하지 못하는》이라는 제목의 책이 있다. 이 책은 터클이 쓴 책인데 이 책은 제목도 좀 엉뚱해 보이고, 등장인물들의 직업(청소부, 이발사, 호텔 종업원, 피아노 조율사 등등)도 그다지 매력적이지 못하다. 그런데 등장인물들은 식료품점 같은 곳에서 늘 마주치는 평범한 사람들이지만, 그들이 들려주는 이야기는 매혹적이고, 가슴 저릴 뿐만 아니라, 더 없이 생생하기까지 하다. 결국, 이 책은 세계적인 명성을 얻게 되었고, 심지어는 브로드웨이 뮤지컬로 각색되기까지 했다.

터클은 그 책을 낸 이후에도 계속해서 사람들을 인터뷰했고, 그 결과를 계속해서 책으로 써냈다. 그의 작업 파일에는 5,000명이 넘는 사람들과 진행한 약 9,000시간 분량의 인터뷰가 담겨 있다. 이 작업 파일은 그야말로 인류 역사의 보고가 되었다. 그래서 〈뉴욕 타임즈〉는 헤드라인으로 실린 그의 사망 기사에서 터클을 '미국인들의 청취자'로 묘사했다.

스터즈 터클은 종종 자신의 성공을 어린 시절의 경험 덕으로 돌리곤 했다. 그는 시카고에서 성장했는데, 이 지역에서 그의 부모는 하숙집을 운영하고 있었다. 이민자를 포함한 온갖 부류의 사람들이 터클의 집에서 머물렀고, 어린 터클은 로비에 앉아 그들의 말에 귀를 기울이곤 했다. 그는 어른이 돼서도 경청하는 능력을 결코 잃어버리지 않았고, 사람들의 이야기를 듣고자 하는 열정 또한 잃어버리지 않았다. 그는 자서전에 이렇게 썼다.

"내가 인터뷰할 때마다 들고 가는 건 바로 '존중'이라는 태도다. 당신이 귀를 기울일 때, 사람들은 자신이 존중받는다는 걸 느낀다. 당신이 이야기를 들어주므로, 그들은 당신에게 말하는 것을 좋아하게 된다."

이 말은 우리를 다시 데이비드 아이세이에 대한 이야기

로 이끌어준다. 스터즈 터클이 부엌과 식탁에 앉아 사람들의 이야기에 귀를 기울인 지 수십 년이 지난 후, 아이세이는 이제 다시 사람들의 이야기에 귀를 열 때가 되었다고 생각했다. 그래서 그는 이제는 널리 알려진 스토리코어라는 프로젝트에 착수했다. 그 프로젝트의 기본 개념은 터클의 인터뷰처럼 단순했다. 그는 뉴욕의 그랜드 센트럴 터미널 내부에다 녹음 부스를 설치해놓고, 사람들을 초대해 대화를 나누기 시작했다. 현재 스토리코어 부스는 애틀랜타, 시카고, 샌프란시스코 지역에 설치되어 있고, 사람들의 이야기를 수집하면서 매년 수천 킬로미터씩 옮겨 다니는 모바일 부스도 운행 중이다.

스토리코어 프로젝트는 지금까지 엄청난 성공을 거둬왔다. 아이세이와 그 동료들은 수천 수만 건의 인터뷰를 녹음해 왔고, 그 중 몇 편은 매주 금요일마다 미국 공영 라디오 방송 〈모닝 에디션〉 시간에 방송되고 있다.

이야기에 등장하는 주제는 사랑 고백에서 전쟁 트라우마에 이르기까지 매우 광범위하다. 자신의 부모들이 어렸을 때 어땠는지 얘기하는 아이들과의 인터뷰, 오랜 시간 떨어져서 살다가 재결합한 형제자매들의 이야기, 배치된 지역에서 길고 외로운 밤을 보내는 군인들의 이야기 등 무궁무진한 이야기가 펼쳐진다.

스토리코어에 참여하는 유명인사는 몇 되지 않는다. 대부분이 평범한 시민과 보통 사람들이다. 게다가 참가자들에게는 출연료도 제공되지 않는다. 사람들이 부스에 앉아서 40분 동안 이야기를 하는 건, 자신들의 이야기를 듣고 기억해줄 누군가를 필요로 하기 때문이다. 아이세이는 이야기를 들어주는 행위가 심오한 영향력을 행사한다면서 이렇게 말했다.

"단순히 귀를 기울이기만 해도 다른 한 명의 인간 존재를 깊이 존중하게 됩니다. 이 프로그램은 무수한 소음의 폭격을 받는 요즘 같은 시기에 귀를 기울일 수 있도록 해주지요. 이 프로의 핵심은 듣는 법을 배우는 것입니다. 누군가의 어깨를 흔들면서, '이봐, 이제 정말 중요한 것에 대해 이야기를 해 보자고'라고 격려하는 셈이지요."

아이세이의 말은 내게 깊은 울림을 주었다. 그 스스로 자신이 좋은 청취자는 아니지만, 듣기의 힘을 깨닫고 더 잘 듣는 사람이 되기 위해 노력하는 중이라고 이야기했기 때문이다. 내 생각도 그와 상당히 비슷하다. 나 역시 훌륭한 청취자는 아니지만, 듣기의 기술이 모든 관계에 필수적이라는 사실을 잘 알게 됐고, 그 능력을 증진시키기 위해 노력하는 중이기 때문이다.

그런데 현실은 반대다. 거의 모든 사람들은 귀를 기울이는 데 애를 먹고 있다. 단순히 그냥 듣는 것인 '수동적으로 듣는 것hearing'은 어렵지 않을지 모르지만, 이해하고 반응하고 기억하는 '능동적으로 듣는 것listening'은 정말 어려운 일이다. 어쩌면 제대로 듣지 못하는 무능력은 개개인의 성격적 결함이라기보다는 타고난 인간적 성향일지도 모른다. 요즘처럼 소통을 방해하는 기술이 발전한 시대에는 더 그렇다.

그래서 듣기는 의도적으로 훈련을 해야 하는 하나의 기술이다. 랄프 니콜스는 듣는 것에 대해 연구한 선구자로, "듣기의 아버지"라고 알려져 있다. 1950년대에 그는 수년에 걸쳐 듣기와 관련된 실험을 수행한 뒤, 자신의 책 《당신 듣고 있습니까》에 이렇게 썼다.

"사실상 아무런 단서도 달지 않고, '사람들은 듣는 법을 모른다'라고 단언할 수 있다. 사람들은 아주 잘 들리는 귀를 두 개씩 달고 있지만, 그 귀를 사용하는 기술은 거의 습득하지 못했다."

우리는 말을 하려는 성향을 타고났다. 말하기는 사실

유용하기도 하다. 말하기는 우리의 정체성을 강화해줄 수 있으며 심지어는 즐겁게 만들어 준다. 최근 하버드의 과학자들은 자기 자신에 대해 말하는 것이 두뇌의 쾌락 중추를 활성화시킨다는 사실을 발견해 냈다. 하버드대 연구자들은 실험에서 참가자들이 자기 자신에 대해 이야기를 할 때 섹스와 코카인, 설탕과 같은 것에 반응하는 뇌 부위가 활성화되는 것을 목격했다. 자기 자신에 대해 이야기하는 것은 섹스를 하거나 초콜릿을 먹을 때와 유사한 쾌감을 유발하는 것이다.

실험에서 더욱 흥미로웠던 것은 참가자들이 누군가를 앞에 두고 자기 얘기를 한 것이 아니라, 아무도 없는 곳에서 단순히 자기 자신에게 혼잣말을 했을 뿐이라는 사실이다. 그저 혼자서 중얼거렸을 뿐인데도 쾌감을 얻을 수 있었다니 대단하지 않은가?

그럼 이러한 연구 결과가 의미하는 것은 무엇일까? 그것은 바로 우리 스스로가 대화의 성공 여부를 객관적으로 평가하는 것은 대단히 어렵다는 사실이다. 우리는 누군가를 설득해야 하는 대화를 끝낸 다음 '해냈어!'라고 생각했는데, 결과는 그렇지 못한 경험을 가끔씩 한다. 그 이유는 여러 가지가 있을 수 있겠지만, 나는 그 가운데 가장 결정적인 이유가 우리가 제대로 듣지 못했기 때문이라고 생각한다. 만일 우리가 우리 자신의 느낌을 토대로 대화의 성공 여부를 판단한다면, 자기 자신에 대해 말하는 행위를 통해 분비된 도파민에 미혹을 당한 셈이다.

말하기와 관련된 또 다른 흥미로운 연구가 있다. 이 연구에서는 참가자들에게 다양한 금액의 돈을 지급하면서 여러 종류의 질문에 답을 해달라고 요청했다. 돈의 액수는 참가자가 대답하기로 선택한 질문에 따라 결정되었다. 참가자들은 그들 자신에 대한 질문, 다른 사람에 대한 질문, 실제 사실에 대한 질문 중 하나를 골라 답할 수 있었다.

이 실험에서 눈에 띄었던 것은, 사람들은 받아야 할 금액이 낮더라도 자기 자신에 대한 질문을 주로 선택했다는 것이다. 사람들은 평균적으로 17% 정도 낮은 액수의 돈을 받는 대신, 그들 자신의 느낌과 생각에 관해 말하는 쪽을 택했다. 연구 보고서에는 이렇게 적혀 있다.

"수컷 원숭이들이 건강한 암컷을 구경하기 위해 주스를 포기하는 것처럼, 그리고 대학생들이 매력적인 이성을 보기 위해 돈을 포기하는 것처럼, 우리 참가자들도 그들 자신에 대해 생각하고 말하기 위해 돈을 포기하는 경향이 있었다."

나는 상대에게 주의를 기울이고 있다는 사실을 나타내기 위해 "듣고 있어요I hear you"라는 표현이 사용된다는 사실이 다소 역설적으로 느껴진다. 왜냐하면 듣는 행위hearing는 저절로 일어나며, 진실로 듣는 태도listening와는 다른 것이기 때문이다. 사실 우리는 거의 대부분의 경우 진실로 듣지 않는다. 내 경우 어느 날 식료품점에서 점원에게 이렇게 말한 적이 있다.

"제 쇼핑백이 카트 아래쪽에 파묻혀 버렸네요. 꺼낼 시간 좀 주세요."

그러자 그 점원은 나를 똑바로 쳐다보면서 대답했다.

"네 얼마든지요."

하지만 그 점원은 내가 쇼핑백을 꺼내는 동안 식료품점의 봉투를 꺼내 내 물건을 그 봉투에 담고 있었다. 그래서 나는 그녀가 내 말을 제대로 들을 때까지 두 차례나 더 반복해야만 했다.

우리는 상대의 말을 듣고는hearing 있지만 귀 기울이지listening 않는 경우가 너무도 많다. 그래서 내 경우 상대가 나에게 듣지 않는다는 불평을 할 경우 말하는 것을 중단하는 훈련을 지속해 왔다. 누군가가 내게 자기 말을 듣지 않는다고 말할 때는 거의 대부분 그들이 옳기 때문이다.

듣기의 성공 여부를 판단하는 최상의 척도는 들은 내용에 대한 기억이다. 연구자들은 누군가가 말하는 내용을 가볍게 듣기만 할 경우, 8시간 내로 전체 내용의 절반가량을 잊어버리게 된다는 점을 발견해냈다. 만약 내가 누군가와 대화를 나누면서 그에게 무슨 말을 했는지 되묻는 것이 많다면 그만큼 내가 그의 말을 제대로 듣지 않았다는 의미다. 물론 그 반대도 마찬가지다. 나와 대화하고 있는 사람이 나에게 무슨 말을 했는지 되묻는다는 것은 내 말에 집중하지 않고 있다는 뜻이다.

수 세기 동안 우리는 정보 습득과 교육을 거의 전적으로 구어에만 의존해왔다. 그래서 인쇄 매체가 발명되기 전까지만 해도 교육 수준은 듣기 능력에 따라 결정되었다. 다른 사람의 말을 듣는 것이 시간 낭비라고 생각하게 된 것은 매우 최근에 일어난 현상이다.

오늘날 우리가 정보를 소비하는 방식은 우리의 듣기 능력을 더 심하게 손상시키고 있다. 온라인으로 글을 읽을 때는 수많은 사진과 비디오, 링크들이 정신을 압도하는 만큼, 우리의 두뇌는 적당히 훑어보는 방법을 습득하게 되었다. 우리의 눈은 거의 무의식적으로 키워드와 요점을 찾아다닌다. 우리는 세부 내용과 글의 어조를 적당히 무시하면서, 두뇌가 자료의 정수라고 인지하는 내용들만을 주워 담는다.

연구자들은 우리의 이 같은 습관이 현재 오프라인과 인쇄된 글귀로까지 확대되고 있다는 점을 파악해냈다. 그래서 톨스토이의 《전쟁과 평화》를 완독하는 일은 부모나 조부모 세대보다 오늘날의 학생들에게 훨씬 더 어려운 일이다. 우리가 웹상의 글이나 동영상을 보는 시간은 점점 짧아지면서, 우리는 점점 긴 글을 읽거나 누군가의 긴 이야기를 다 듣기가 무척 힘들어지고 있다. 이런 상황에서 대화가 진지해지기는 대단히 어려운 일이다.

만일 당신이 트위터의 글처럼 자기 생각을 140글자로 표현하는 사람들에게 익숙하다면, 자신의 고민에 대해 길게 이야기하는 상대의 말을 다 들어주기는 힘들 것이다. 그래서 신경과학자인 매리언 울프는 이런 상황에 적응해버린 두뇌를 '트위터 두뇌twitter brain'라고 비유하기도 했다.

이처럼 능동적으로 들을 수 있는 사람이 극소수에 불과함에도, 우리 대부분은 우리 자신의 무능력을 전혀 인식하지 못한다. 엑센츄어라는 컨설팅 기업은 30개국에 속한 수천 명의 성인 남녀를 대상으로 자신의 듣기 능력에 대해 평가해 달라고 한 적이 있다. 아이러니하게도 대부분의 남녀가 자신을 훌륭한 청취자라고 대답했는데, 실제 상황은 정반대였다.

조사 대상자의 98퍼센트는 자신이 하루의 상당 부분을 산만한 상태로 보낸다는 사실을 시인했고, 절반 이상은 디지털 작업이 귀를 기울이는 자신의 능력을 저해한다고 털어놨다. 조사 대상자 중 86퍼센트는 유선상으로 진행되는 회의 시간 동안 멀티태스킹을 한다고 답했는데, 잘 알다시피 멀티태스킹은 환상일 뿐이다. 이메일을 확인하거나 문서를 타이핑하면서 상대가 말한 것을 제대로 듣는다는 건 불가능에 가깝다. 우리의 습관은 듣는 능력을 향상시키는 것과는 반대 방향으로 흐르고 있는 것이다.

우리들 대부분은 듣기의 중요성을 인정하지만, 실제로는 듣기 능력을 향상시키기 위한 조처를 거의 취하지 않고 있다. 게다가 학교에서조차도 연설이나 화술과 관련된 수업은 흔하게 발견되지만, 듣는 법을 가르치는 수업은 거의 없다.

최근 호주의 한 연구팀은 능동적 듣기가 의식적 활동인 만큼, 듣기만 따로 분리해서 가르칠 필요가 있다고 주장했다. 다시 말해 학생들 스스로 듣기를 배우는 중이라는 사실을 인식해야만 듣는 능력이 향상될 수 있다는 것이다. 수학이나 과학, 역사 공부를 잘한다고 듣는 능력이 향상되는 것은 결코 아니다. 연구자들은 듣기에 특화된 공부가 필요하다면서 다음과 같이 말했다.

"진정으로 '들으려면' 청취자는 말뿐만 아니라, 그 말에 영향을 미치는 비언어적 표현까지도 함께 이해해야 한다."

진정으로 듣는 행위listening는 에너지와 주의력을 필요로 하며, 단순히 듣기만 하는 행위hearing보다 더 많은 감각기관을 자극한다. 대화를 하는 동안 전달되는 정보에는 언어 정보(발설되는 단어들의 의미)뿐만 아니라, 몸짓 정보(표정, 손짓, 자세)와 어조 정보(말을 하는 방식)까지도 포함된다. 우리 모두는 말의 의미만으로는 메시지를 효과적으로 전달할 수 없다는 점을 잘 안다. 메신저에 다양한 표정과 몸짓을 한 이모티콘이 쓰이는 것도 그 때문이다. 소통과 관련하여 메신저의 이모티콘이 의미하는 것은, 상대의 말을 제대로 들으려면 말하는 상대의 제스처와 억양, 뉘앙스까지 주의해서 살펴봐야 한다는 것이다.

《성공하는 사람들의 7가지 습관》의 저자인 스티븐 코비는 우리의 대화 목적이 주로 듣는 것이 아닌 말하는 것임을 꼬집으며 다음과 같이 말했다.

“대부분의 사람들은 이해하기 위해 듣지 않습니다. 그들이 상대의 말을 듣는 건 응답하기 위해서입니다.”

말하고 싶은 욕구를 참으면서 상대의 말이 끝나기를 기다리는 습관을 만드는 것은 결코 쉬운 일은 아니다. 하지만 그렇다고 불가능한 일도 아니다.

일단은 상대의 얘기가 옳든 그르든, 재미있든 없든, 내 얘기를 하고 싶은 충동을 누르자. 그리고 상대가 말을 하는 동안, 그의 말과 생각에 담긴 의미에 대해 숙고해 보자. 그리고 상대의 표정과 몸짓도 관찰해 보자. 어느 순간 하고 싶은 말이 떠올라도 속으로만 생각하자.

내가 생각하고 기대하는 상대의 말이 아니라, 상대가 실제로 하는 말에 반응하도록 하자. 만약 상대가 하는 말이 무슨 말인지 모르겠다면, 그에 대해 지적하거나 비판을 하는 대신 이렇게 요구하자.

“그 말의 뜻을 잘 이해하지 못하겠는데 설명해 줄 수 있을까?”

“내가 잘 알아듣지 못했는데 다시 한번 얘기해 줄 수 있을까?”

당신은 상대가 하는 말의 뜻을 완전히 이해하지 못할 수도 있다. 그것은 잘못된 것이 아니라 당연한 것이다. 그러니 그때는 질문을 던져야 한다. 앞서 얘기했듯 질문을 던지는 것은 대화를 방해하는 것이 아니라 대화를 좀 더 깊이 있게 전개할 수 있도록 돕는 좋은 수단이다. 어쩌면 질문이 없는 대화야말로 진정성 없는 대화일 가능성이 크다.

마지막으로, 당신이 들은 내용을 머릿속에서 요약해 보자. 상대가 한 말을 마음 속으로 다시 검토하고 되풀이해 보라. 아마도 당신은 불분명한 점이나 놓친 내용을 즉시 알아차리게 될 것이다. 그저 가만히 앉아 수동적으로 참으면서 듣는 것은 상대의 말을 건성으로 듣는 것이다. 그런 일은 로봇도 할 수 있다. 능동적인 듣기란 상대의 말에 참여하고 반응하는 것이다.

더 똑똑해지고 싶다면 더 많이 들어라. 결혼 생활을 더 행복하게 만들고 싶다면, 친구 관계를 더 돈독하게 만들고 싶다면 능동적으로 들어라. 입을 다물고 귀를 기울인다면 생각은 열리고 관계는 더 가까워질 것이다.

말센스 06

상대가 보내는 신호에 안테나를 세운다

"

대화하는 도중에 상대가 하품을 하거나
딴청을 피우는가? 혹은 다른 주제로
말을 돌리려고 하는가? 그렇다면 상대는
지금 당신의 말을 지루해하고 있는 것이다.
상대가 수 차례 그런 신호를 보내는데도
자기 하고 싶은 말만 계속하는 것은
상대와의 관계를 끊겠다는 것과 다름없다.

"

• • •

법정 영화를 보면 말주변이 뛰어난 변호사나 검사가 등장한다. 그들의 말은 앞뒤가 논리적으로 딱딱 맞아 떨어지고, 설득력을 높이기 위해 드는 비유나 사례는 대단히 멋지다. 그들의 말을 듣고 있노라면 지루할 틈이 없다. 어쩌면 그리도 말을 잘하는지 감탄이 나올 정도다. 그런데 과연 현실에서도 그럴까?

우리가 재밌게 보는 한두 시간짜리 영화의 경우 짧게는 몇 달에서 길게는 몇 년 동안 촬영을 하기도 한다. 수백, 수천 시간 동안 촬영한 내용을 골라내고 자르고 편집하는 과정을 수없이 거쳐야만 우리가 편안한 상태로 즐길 수 있는 영화가 탄생한다.

이것이 대화와 관련하여 우리에게 시사하는 바는 무엇일까? 그것은 두 가지다. 하나는, 말을 하기 전에 오래 생각할수록(영화에서의 편집) 말실수가 줄어들고 설득력이 높아진다는 것이고, 다른 하나는 생각할 시간이 적을수록, 그리고 말이 많아질수록 실수의 가능성이 높아진다는 것이다.

영화는 오랜 시간 동안 편집의 과정을 거치기 때문에 스토리에서 말실수 같은 것은 없다. 작은 실수라도 생기면 재촬영을 하고 재편집을 한다. 영화 내용 가운데 말실수가 있다면 그것은 의도된 것일 뿐이다.

하지만 우리가 일상에서 하는 대화는 오랫동안 편집할 시간이 없다. 편집은커녕 머릿속에서 떠오르는 생각들을 즉각적으로 내뱉기 바쁘다. 이러니 당연히 실수가 많아질 수밖에.

그렇다면 말실수를 줄이기 위해 우리가 취해야 할 행동은 이것이다. 최대한 말을 짧게 하고, 중간 중간 짧게라도 생각할(편집할) 시간을 갖는 것이다.

사람들은 다양한 이유로 말을 길게 늘어뜨리는 경향이 있다. 어떤 사람은 자신의 지식을 뽐내기 위해 그렇게 하고, 어떤 사람은 상대가 오해할지 몰라서 그렇게 하기도 하며, 또 어떤 사람은 자신의 주장이 일리 있다는 것을 강조하기 위해 그렇게 하기도 한다. 하지만 상대는 대부분 당신이 생각하는 것만큼 그렇게 이해력이 떨어지지도 않고, 무식하지도 않고, 편협하지도 않다.

물론 말의 내용이나 길이는 상대가 누구냐에 따라 다를 수밖에 없다. 상대의 나이, 경험이나 지적 수준, 대화 상황등에 따라서 말의 형식이나 내용은 달라져야 한다. 하지만 그 어떤 상대라도 똑같이 적용해야 하는 규칙이 있다. 그것은 말하는 중간 중간에 상대의 반응을 파악해 가며 말해야 한다는 것이다. 그 반응을 파악하는 시간이 일종의 편집 시간이다.

예를 들어 두 남녀가 소개팅하는 상황을 가정해 보자. 처음 소개팅을 하다 보면 공통된 주제를 찾기가 쉽지 않다. 그래서 보통은 대부분의 사람들이 관심을 갖는 영화나 음악, 미술, 책 등이 소재로 등장한다.

> 남자 : 영화 좋아하시나요?
>
> 여자 : 네, 가끔 봐요.
>
> 남자 : 아, 그러세요. 저도 영화 좋아하는데. 어떤 영화 좋아하세요?

대화는 이렇게 시작된다. 여기까지는 큰 문제가 없어 보인다. 다만, 남자가 여자에게 영화를 '좋아하느냐'고 물었는데, 여자는 남자에게 '좋아한다'고 대답한 것이 아니라, '가끔 본다'고만 대답한 것은 생각해 볼 지점이다. 아직까지는 여자가 영화를 좋아하는 것인지 아닌지 알 수 없다.

하지만 영화를 좋아하고, 그에 대한 지식도 많은 남자는 드디어 공통의 주제를 찾았다는 생각에 앞질러 가기가 쉽다.

여자 : 그냥 이런저런 영화요.

남자 : 최근에는 어떤 영화를 보셨어요?

여자 : 음… 〈나를 찾아줘〉라는 영화를 봤어요.

남자 : 아, 그러세요? 저도 그 영화를 봤어요. 근데 스릴러 영화치고는 별로던데…. 저는 스릴러 영화보다는 SF 영화를 좋아해요. 혹시 SF 영화는 보신 것 없나요?

여자 : …

남자 : 〈인터스텔라〉라는 영화는 안 보셨나요? 감독이 크리스토퍼 놀란이라 기대를 했었는데 기대를 배신하지 않았어요. 상대성이론이나 블랙홀, 웜홀 같은 과학적 개념은 이해하기 쉽지 않았지만, 미래 사회에 대한 통찰과 가족애에 대한 묘사는 정말 훌륭했어요.

이쯤 되면 이 남자는 대화를 전혀 할 줄 모른다고 봐야 한다. 어떤 영화를 좋아하느냐는 질문에 여자는 특별한 장르를 딱 집어 대답하지 않고, 그냥 이런저런 영화를 본다고만 대답했을 뿐이다. 그렇다면 영화에 대해 큰 관심을 가지지 않았을 가능성이 크다. 하지만 남자는 대화를 끌어가기 위해 다시 구체적으로 어떤 영화를 봤는지 재차 질문한다. 그래도 만약 여기서 멈췄다면 다행인데 남자는 오버를 하고 만다.

자신의 얘기를 하기 바쁜 남자는 큰 실수를 저지르고 만다. 여자가 본 영화에 대해 부정적 평가를 내리는가 하면, 자기가 좋아하는 영화 장르로 주제를 옮긴 다음, 여자가 봤을지 안 봤을지도 모르는 영화에 대해 주저리 주저리 떠들고 있다.

여기서 남자의 실수는 세 가지다. 첫째, 듣는 것이 아니라 말하는 것에 집중하고 있다. 둘째, 상대방의 반응을 건성으로 파악하거나 무시하고 있다. 셋째, 상대방이 관심 있을지 없을지 모르는 지식을 자랑하고 있다. 이런 남자들이 드물 거 같은가? 이런 남자들은 의외로 많다. 그래서 많은 소개팅이 실패로 끝나고 만다.

대화를 할 때는 항상 상대방의 반응을 살펴 가며 대화를 해야 한다. 내가 말하는 것에 대해 상대방이 다음과 같은 반응을 보인다면 대화의 수위를 조절하거나 대화의 주제를 바꿔야 한다는 신호다.

- 반응이 뜨뜻미지근하다.
- 하품을 한다.
- 딴청을 피운다.
- 다른 주제로 말을 돌리려고 한다.
- 인내하는 표정을 짓는다.
- 말을 끊는다.

우리가 상대의 말에 집중할 수 있는 시간은 그리 길지 않다. 사람들의 주의집중 시간은 계속해서 감소해 왔고, 현재는 금붕어와 비슷한 수준까지 떨어진 것으로 알려져 있다.

대부분의 연구자들은 이런 현상을 기술 탓으로 돌리는데, 실제로 기술에 대한 의존도가 높은 젊은 사람들이 특히 쉽게 지루해하는 경향이 있다. 연령대가 18세에서 24세 사이인 사람들은 오랜 시간 동안 한 가지 일에만 완전히 주의를 집중하는 경우가 드물다. 거의 80퍼센트에 달하는 청년들이 TV를 시청하면서 스마트폰이나 태블릿을 사용한다고 하는 연구 결과도 있다.

따라서 당신의 대화 스타일이 다소 두서없고 장황하다면, 대화 내용의 편집에 신경을 쓰는 것이 좋다. 당신의 메시지가 중요하면 할수록, 상대의 짧은 주의력을 최대한 활용할 수 있도록 그 메시지의 길이를 제한하는 일도 그만큼 더 절실해진다.

내 전남편은 내가 대화를 할 때마다 수년에 걸친 결혼생활 전체를 얘기하려 한다고 말하곤 했다. 그 때문에 현재의 불만 사항은 그 의미를 상실하곤 했는데, 왜냐하면 내가 생각나는 모든 사건들에 대해 끊임없이 이야기를 늘어놓았기 때문이다. 무언가 변화를 이끌어내길 원했다면 나는 말을 짧게 했어야 했다.

직장에서는 또 어떤가? '회의'에 관한 책들이 엄청나게 많은 것은, 그만큼 불필요한 말들이 회의 중에 오가기 때문이다. 물론 회의를 부드럽게 하기 위해서는 간혹 추임새가 있어야 한다. 하지만 불필요한 말들의 대부분은 추임새가 아니라 상사의 잔소리이거나 개인적인 이야기다.

나는 일터에서 직원들을 내 사무실로 불러 모을 때 구체적인 한두 가지 사안에 대해서만 이야기를 하려고 노력해 왔다. 회의를 할 때는 미리 작성해둔 목록을 보면서 그 내용들에 관해 최대한 간결하게 설명한 뒤, 질문이 있는지 물어보고 다음 내용으로 바로 넘어갔다.

내가 이 훈련을 시작한 이후부터, 직원들은 회의 시간

도 더 잘 맞추었고, 회의 내용에도 더 깊이 집중했다. 또, 그들은 더 긍정적인 태도로 회의에 임했다. 회의의 내용을 간결하게 압축적으로 재구성한다면, 더 이상 보너스나 휴가 같은 걸로 직원들을 구슬리지 않아도 될지 모른다.

그렇다고 해서 대화의 길이를 1분 이내로 줄여야 한다는 말은 아니다. 어쨌든 대화는 우리의 집중 시간을 넘어설 수밖에 없다. 하지만 당신이 대화를 질질 끌면서 장시간에 걸쳐 이야기를 늘어놓는다면, 당신은 아마도 상대방의 관심을 잃게 될 것이 분명하다. 그들의 관심은 당신이 이야기를 하는 동안 배회하기 시작할 것이고, 그렇게 되면 양자 모두 시간만 낭비하게 된다. 의사소통 전문가인 앨런 웨이스는 이와 관련하여 이렇게 말했다.

"사람들은 꼭 말해야 하는 것이 무엇인지 고려도 하지 않은 채 다른 사람에게 자기가 알고 있는 모든 걸 다 말하려는 경향이 있다."

그러므로 대화를 시작하기 전, 대화를 통해 당신이 얻고자 하는 것이 무엇인지 잠시 생각하는 시간을 가질 필요가 있다. 그리고 일단 메시지를 다 전달했다면, 계속해서 말을 하고자 하는 유혹에 저항을 해야 한다. 다른 경우와 마찬가지로, 대화에서도 중요한 건 양이 아닌 질이다.

물론 모든 대화가 논리적으로 계획될 수는 없다. 일상에서 벌어지는 대화가 문자나 이메일보다 더 아름다운 건, 그 즉흥성과 예측 불가능성 때문이다. 하지만 의도되지 않고 목적 없이 하는 대화라 해도 어느 한 사람이 개 사료에 대한 이야기에서 시작하여 고등학교 때 읽은 소설책 이야기까지 일방적으로 길게 얘기하는 것은 견뎌내기 쉽지 않다.

우리 모두는 스스로가 너무 장황하게 떠들어댄 것은 아닌가 하는 느낌을 종종 받는다. 또 다 말하고 나서 내가 헛소리를 한 것은 아닌가 우려하기도 하고, 내가 말하고 있는 동안 상대의 눈빛이 흔들리거나 흐려지는 광경도 목격해 왔다.

이것이 의미하는 바는 무엇인가? 대화의 길이는 주변 상황에 의존하는 만큼, 그 상황에 따라 얼마든지 변할 수 있어야 하고, 대화의 내용은 상호 간의 관계를 통해 결정되어야 한다는 의미다.

대화를 할 때는 상대가 보내는 신호에 민감해야 한다. 혹시 상대가 지루해하면서 휴식이 필요하다는 신호를 보내고 있지는 않은가? 자신의 몸을 당신 반대편으로 기울이면서, 심지어 발까지 뒤로 빼고 있지는 않은가? 당신과의 시선 접촉을 계속해서 피하고 있지는 않은가? 말을 빨리 끝맺으라는 신호로 "으흠" 같은 소리들을 끼워 넣고 있지는 않은가? 이런 표현들은 모두 상대의 집중력이 소진되었다는 것을 나타내주는 신호들이다.

대화가 캐치볼 게임과 같다고 얘기한 것을 잊지 말기 바란다. 대화에 임하는 사람들은 모두 자기 나름의 역할을 수행하고 싶어 한다. 이런 상황에서 말을 짧게 하는 것은 대화 상대에 대한 하나의 배려가 될 수 있다. 어쩌면 상대는 정중하게 당신의 기분을 존중하느라 당신의 말을 끊지 못하고 있는 것인지도 모른다. 그러니 그들의 시간과 인내심을 남용하지 않는 것으로 그들의 정중함에 보답하기 바란다.

그런데 만약 거꾸로 당신이 그 두서없는 대화의 희생자가 되고 있다면 어떻게 해야 할까? 내게는 이런 일이 거의 매일같이 일어난다. 하지만 나와 대화를 나누는 사람들이 전부 수다쟁이여서 그런 건 아니다. 하나의 인터뷰를 끝내고 난 뒤 다음 인터뷰를 시작하기 전까지 여유 시간을 2분에서 3분 정도밖에 갖지 못하기 때문이다. 나는 그 시간 동안 내 생각을 정돈하면서, 다음 인터뷰를 위해 에너지와 집중력을 확보해야 한다. 따라서 게스트가 대화를 계속하려고 말을 걸어오면, 나는 단순히 이렇게 답한다.

"죄송합니다. 언제 커피 한 잔 마시면서 대화를 계속 나눴으면 좋겠네요. 하지만 지금은 다시 방송을 진행해야 되는 상황이라 대화를 하기는 좀 곤란할 듯합니다."

스튜디오처럼 이렇게 손쉬운 '출구'가 마련돼 있다면 그 출구를 이용하면 된다. 하지만 일상적인 대화 상황에서라면 어떻게 해야 할까? 최근에 나는 비행기를 탄 적이 있는데 옆자리의 여성이 자리에 앉기도 전부터 내게 말을 걸어오기 시작했다. 그녀는 자신의 손자 손녀들과 훌륭한 시간을 보낸 뒤 집으로 돌아가는 길이었고, 자신의 기쁨을 다른 누군가와 공유하고 싶어 했다.

평소 같았더라면 나는 기꺼이 그녀의 사랑스런 이야기를 들었을 것이고, 아이들의 사진을 보면서 "아하", "오오" 하며 공감을 표하기도 했을 것이다. 하지만 그날 나는 이미 너무 지쳐버린 상태였다. 억지로 이야기를 들었다면 그녀의 기쁨은 내게 짜증만 더해주었을 것이다. 그래서 나는 적당한 기회를 기다렸다가 그녀에게 이렇게 말했다.

"멋진 시간을 보내신 것 같네요. 다른 때 같았더라면 이야기를 더 듣고 싶었을 겁니다. 하지만 지금은 제 뇌가 기능을 거의 멈춘 상태예요. 죄송하지만, 지금 눈을 감고 휴식을 좀 취하고 싶은데, 그래도 괜찮을까요?"

그녀는 기꺼이 동의했고, 나는 비행 시간 내내 고요한 침묵을 즐길 수 있었다. 비행기에서 내릴 무렵, 나는 그녀에게 손자 손녀들의 사진을 보여 달라고 요청했고, 편안하게 해주셔서 고맙다고 진심으로 감사를 표했다.

물론 존중 어린 태도로 공손하게 대화에서 물러날 수 있는 때가 있는가 하면, 그러기 힘든 때도 있다. 당신이 끝나지 않을 것 같아 보이는 대화에 완전히 붙들린 상태라면, 대화를 끝내기 위해 대놓고 무례하게 굴거나, 인내심 있게 들어주는 것 중 하나를 선택해야 한다. 둘 중 어느 것을 선택하느냐는 상대가 누구냐에 따라 달라질 것이다. 하지만 아무리 친한 사이라도 계속 들어주기 힘든 상황이라면 조금 무례하게 비칠지 몰라도 솔직하게 말하고 피하는 것이 낫다.

인내심을 잃고 후회할 만한 말을 내뱉을 때까지 기다려서는 안 된다. 대화를 가치 있게 만들고 정중하게 이끌려면, 마음가짐을 비교적 긍정적으로 유지할 필요가 있지만 그렇다고 무작정 참는 것이 답은 아니다.

너무 짜증이 나서 더 이상 듣고 있기 힘들다면, 그 사실을 단순히 인정하는 쪽을 택하라고 권하고 싶다. 며칠 전 아들이 내게 새로운 비디오 게임에 대해 이야기를 늘어놓기 시작했을 때 나는 이렇게 답했다.

"엄마가 지금 기분이 별로라서 이야기를 들어도 재미가 없구나. 좀 조용히 해주겠니? 공평하지 않다는 건 알겠지만, 엄마는 그냥 계속 기분이 나쁘고 싶구나."

아들의 반응이 어땠냐고? 그는 이렇게 대답했다.

"마음대로 하세요, 엄마."

말센스 07

잡초 밭에 들어가 배회하지 않는다

"

대화에서 잡초 밭이란 불필요한 내용을
시시콜콜 떠들어대는 것이다.
잡초 밭에 빠지게 되면 대화는 중심을 잃고
부질없는 이야기들만 난무하게 된다.
당신이 알고 있는 모든 것에 대해
이야기하려고 하지 마라. 상대는 그 순간
잡초 밭을 태워버리고 싶을 것이다.

"

• • •

"그래서 하고 싶은 말씀이 뭔가요?"

대화가 길을 잃고 주제에서 한참 벗어 났을 때 우리는 종종 위와 같은 말을 하게 된다. 예를 들어 상대가 이렇게 말할 때이다.

"우리는 2006년도에 이탈리아를 여행했어. 아니, 2007년도였던가? 잠깐, 내가 보스턴에 직장을 얻은 뒤 떠난 여행이니까 분명 2005년도였을 거야. 그래 이게 맞는 것 같아. 샤론이라면 정확한 년도를 기억할 거야. 샤론에게 물어볼까? 아니야. 지금 샤론은 바쁠 거야."

이렇게 한참을 떠들다가 하던 이야기로 되돌아올 때쯤, 당신은 아마도 흐릿한 눈으로 상대를 바라보면서 다른 생각을 하고 있을 것이다.

정신과 의사인 마크 고울스톤은 대화 상황에서 40초 이상 말을 늘어놓을 경우, 대화가 일방적인 독백으로 변질된다고 주장한다. 그는 처음 20초를 녹색 신호등에 비유한다. 그 20초 동안에는 서로가 호감을 가지고 상대가 하는 말을 주의 깊게 듣기 때문이다. 하지만 이어지는 20초는

노란 신호등이다. 20초가 지나면 듣는 이는 점점 흥미를 잃게 되고 상대방의 말이 너무 장황하다고 생각하기 시작한다. 그리고 40초가 되는 순간 빨간 신호등이 켜진다. 더 이상 듣는 이는 상대의 말을 듣고 있지 않거나 건성으로 듣는다. 말을 중단해야 할 때인 것이다.

40초란 시간이 얼마쯤 되는지 한번 측정해 보라. 시계의 초침을 맞춰놓고 이야기를 시작한 뒤, 40초가 되었을 때 이야기를 멈춰 보라. 생각보다 짧은 시간은 아닐 것이다. 그 시간을 주제와 관련 없는 말로 낭비해 버린다면 대화는 지루함의 늪으로 빠질 가능성이 크다.

'털 많은 강아지 이야기'라는 말을 들어본 적 있는가? 온갖 종류의 불필요하고 잘못된 세부 내용들을 장황하게 나열하다가 시시한 결말로 끝내는 이야기를 이렇게 부른다. 마크 트웨인의 한 작품에 이런 사례가 등장한다.

한 도시에서 트웨인은 짐 블레인이라는 이름의 남자를 아는 여러 사람들을 만나게 된다. 그들은 트웨인에게 블레인이라는 사람이 놓쳐서는 안 될 이야기를 들려줄 것이라고 말해준다. 그래서 트웨인은 조바심을 내면서 블레인과의 만남을 기대한다. 마침내 대화를 나누기 딱 좋은 시간대에 블레인을 만나 이야기를 나누게 되는데, 블레인은 트웨인을 앉혀 놓고 '내 할아버지의 늙은 숫양에 관한 신나는 이야기'를 들려준다.

트웨인의 책을 이미 읽어본 사람은 알겠지만 '내 할아버지의 늙은 숫양에 관한 신나는 이야기'는 1,500단어에 달하는 분량의 이야기가 단락도 없이 죽 이어진다. 그 이야기를 아래에 약간 발췌해 보았는데, 그 발췌문 만으로도 이야기의 성격을 짐작할 수 있을 것이다.

할아버지는 일리노이주에서 그 숫양을 훔쳐 왔어. 빌 예이츠라는 사람의 이름을 따서 예이츠라고 불렀는데, 아마도 이 이름은 들어봤을 거야. 할아버지의 아버지는 교회 집사, 그러니까 침례교 집사였는데, 그도 마찬가지로 가축 도둑이었어. 늙은 예이츠에게 먹이를 주려면 아주 일찍 일어나야 했어. 서부로 이사를 갈 때 할아버지와 함께 푸른 채소를 실어 나른 녀석이 바로 예이츠야. 아마도 세스 그린이란 숫양이 무리의 우두머리였던 것 같아. 그는 사라 윌커슨의 이름을 딴 윌커슨이란 암양과 짝짓기를 했지. 윌커슨은 스토다드 마을에서 사육된 양들 중 가장 훌륭한 암양이어서, 모든 사람이 그 양을 알고 있어.

블레인은 결코 이야기를 끝내지 않는다. 계속 이야기를 하다 곯아떨어져버릴 따름이다. 블레인이 입을 열 때마다 이런 일이 계속 반복된다는 사실이 밝혀지고, 트웨인은 자신이 당한 장난질에 짜증을 내고 만다.

블레인의 이야기는 우리 대부분이 가끔씩 범하는 실수, 즉 '지나친 세부 묘사'와 '불필요한 사실들의 나열'을 잘 보여주는 극단적인 사례다. 블레인과 같은 사람들이 과연 몇이나 있을까 싶지만 당신 친구 중에 몇몇은 분명 그와 비슷할 것이고, 어쩌면 당신이 그런 부류의 사람일 수도 있다.

저널리스트들은 지나친 세부 묘사로 이야기의 흥미를 떨어뜨리고 이해조차 힘들게 만드는 이런 방식을 '잡초 밭으로 들어가기'라고 부른다. 일단 이 잡초 밭으로 들어가고 나면 중심을 잃고 사소한 세부 묘사들 사이를 목적 없이 방황하게 된다. 중심 주제와 연관된 중요한 무언가에 대해 말할 때조차 청중의 주의력을 사로잡는 것이 쉽지 않은데, 내용과 별 상관도 없는 이름과 날짜 등을 쏟아놓는다면 그 일이 얼마나 더 힘들어지겠는가?

사람들이 횡설수설하게 되는 데는 몇 가지 이유가 있다. 가장 주된 이유에 대해서는 이미 언급한 바 있는데, 그것은 우리 자신에 대해 이야기하는 것이 본질적으로 즐거운 일인 데다, 대부분의 사람들이 말하는 것 자체를 좋아하기 때문이다. 하지만 어떤 사람들은 초조함을 느낄 때도 말을 과도하게 하는 경향이 있다. 불안감이 끊임없이 말을 쏟아내도록 당사자를 부추기는 것이다.

또 어떤 사람들은 특정 주제에 관한 자신의 폭넓은 지식으로 다른 사람에게 깊은 인상을 남기기 위해 수많은 말을 쏟아놓는다. 그리고 또 어떤 사람들은 단순히 듣는 법을 배우지 못했기 때문에, 그리고 침묵을 불편해하기 때문에 말을 과도하게 한다.

그 이유가 무엇이든 불필요한 세부 묘사나 설명은, 짐 블레인의 쓸데없는 말들이 그랬듯, 훌륭한 대화를 망쳐놓기 십상이다. 세부 묘사를 자제하고 이야기를 제대로 끝맺기만 했다면 짐 블레인의 이야기조차 훌륭한 이야기가 될 수 있었을 것이다.

물론 두서없고 방향이 없는 대화가 필요할 때도 있다. 모든 대화가 목표를 향해 목적의식적으로 이루어질 필요는 없기 때문이다. 유치원에 다니는 애를 둔 엄마들이 모여 이런저런 잡담을 할 때가 그렇다. 또 친구들이나 직장 동료들이 모여 카페나 술집에서 이런저런 신세 한탄을 하며 서로를 위로할 때도 그렇다.

그런데 어떤 사람들은 이 '잡초 밭'을 일상의 편안한 안식처쯤으로 여긴다. 당신이 "요즘 어때?" 하고 물으면, 그 사람은 이렇게 대답한다.

"요즘 너무 바빴어! 아침마다 일찍 일어나 아침 식사를 준비했고, 우리 집 개가 소화불량에 걸리는 바람에 특별식을 만들어 먹여야 했어. 또 내 노트북이 고장 나서 수리점에 갖다 맡겼고, 한 주쯤 전에는 스마트폰 앱이 자꾸 중지되는 바람에 다시 설치해야 했고 …"

더 이상 이런 예로 당신을 고문하고 싶지는 않다. 이런 말들은 정말로 지루하기 짝이 없다, 그렇지 않은가?

대부분의 경우, 당사자를 제외한 그 누구도 그런 세부사항에 관심을 갖지 않는다. 당신이라면 다른 누군가의 '할 일 목록'이 적힌 200쪽 분량의 책을 사서 보겠는가? 아마도 아닐 것이다.

내 자신이 한 일이나 해야 할 일의 목록이 중요하지 않다는 것은 아니다. 자기관리 전문가들은 매일 해야 할 일의 목록을 적어놓고 실제로 행한 일은 어떻게 되는지 반성하는 습관을 가져야 한다고 말한다. 이렇게 하는 것은 내가 목적으로 하는 일을 성취하게 만드는 데 매우 도움이 된다. 하지만 내가 해야 할 일의 목록을 노트북이나 컴퓨터,

스마트폰에 적어놓는 대신 다른 사람의 귀에 떠벌리는 것은 내 자신에게나 상대에게나 큰 도움이 되지 못할 뿐 아니라 역효과를 내고 만다.

물론 이미 했던 이야기라도 다시 이야기를 하거나, 이미 들었던 이야기라도 다시 듣는 것이 필요할 때도 있다.

예를 들어 나 역시 아들이 복잡한 게임의 세부 내용에 대해 설명하는 것을 얼마나 자주 들어주었는지 모른다. 나는 아들의 말을 듣는 것에 대해 중요하게 생각하고, 그가 각 캐릭터의 공격력에 대해 아무리 많은 말을 늘어놓을지라도 앞으로도 계속해서 아들의 말을 들어줄 생각이다. 내가 그렇게 하는 이유는 아들과의 대화가 훌륭한 대화라고 착각해서가 아니라, 내가 그의 엄마이고, 그를 지구상의 그 누구보다도 사랑하기 때문이다.

세부 내용에 귀를 기울이는 것은 어려움에 처한 친구에게 해줄 수 있는 하나의 봉사 수단이기도 하다. 예컨대 암 진단을 받은 친구는 병의 진단과 치료 과정 하나하나를 모두 말하고 싶어 할지 모른다. 그는 아마도 자신의 모든 걱정거리와 관련하여 가장 사소한 것에 이르기까지 다 털어놓고 싶어 할 것이다. 또한 사랑하는 사람을 잃은 사람은 당신에게 그 사람의 삶과 업적에 관한 온갖 종류의 세세

한 이야기를 말하고 싶어 할 것이다. 이런 경우에도 그 얘기를 들어주는 것은 사랑을 표현하는 하나의 방식이 될 수 있다. 그러나 이것은 예외적인 상황이다. 대화라는 큰 틀을 놓고 볼 때 했던 이야기를 다시 하는 것은 득보다 실이 크다.

사소한 일상사를 늘어놓는 것은 잡초 밭으로 들어가는 수많은 방식들 중 하나에 불과하다. 사람들이 흔히 범하는 또 다른 실수는 한 주제에 대해 알고 있는 모든 내용을 털어놓는 것이다. 나는 이 현상을 라디오 스튜디오에서, 특히 게스트가 초조해할 때 많이 목격했다. 내가 하나의 주제를 꺼내면, 게스트는 그 주제에 대해 자신이 알고 있는 모든 것을 얘기하곤 했다. 나는 그때마다 대화가 방향을 잃기 전에 그 사람의 말을 중단시켜야 했다.

개인적인 대화 상황에서도 종종 이와 똑같은 일이 발생한다. 예컨대 누군가에게 어떤 소설이 재밌느냐고 물었을 때, 소설뿐 아니라 자신이 읽었던 모든 책에 대해 구구절절 늘어놓는 사람이 있다. 또 데스크톱이나 노트북을 빌려줄 수 있는지 물으면, 장착된 CPU와 메모리, 그래픽카드 등에 대해 장황하게 늘어놓는 사람도 있다.

그런 식으로 자신이 알고 있는 사실이나 지식을 늘어놓

는 것은 자신을 제외한 모든 사람에게 지루하게 느껴질 수 있다는 점을 잊어서는 안 된다. 서로 공감할 수 있고 유익한 의견 교환을 하려면 사소한 내용을 언급하는 일은 되도록 피하는 편이 좋다.

잡초 밭에 들어가도록 만드는 또 하나의 요인은 상대방이 한 얘기 가운데 잘못된 내용을 교정하고자 하는 충동이다. 예컨대 한 친구가 당신에게 끔찍한 스키 사고에 대해 이야기한다고 해보자. 그는 당신에게 인근 병원으로 이송된 이후 갈비뼈 골절을 확인하기 위해 MRI 검진을 받았노라고 이야기할지 모른다. 그때 당신은 끼어들어 이렇게 말한다.

"잠깐, 그런데 MRI로는 갈비뼈 골절을 확인할 수 없어. MRI 상에는 연조직만 나타나거든. 혹시 MRI가 아니라 엑스레이 아니었니?"

이렇게 말하는 순간 대화가 (그리고 아마도 우정 역시) 잡초 밭으로 굴러 떨어진다.

대화를 하다 보면 상대방이 잘못된 사실을 얘기할 수도 있고, 발음이 틀릴 수도 있고, 용어를 잘못 쓸 수도 있다. 그런 실수에 직면하면 그 실수를 바로잡아주고 싶은 충동이나 욕망이 생겨난다. 하지만 나는 그런 유혹에 저항할 것을 강력히 권유하고 싶다.

나는 여기서 한발 더 나아가 "잠깐, 그런데…"라는 표현을 어휘 목록에서 아예 제거할 것을 권한다. "잠깐, 그런데"라는 표현 뒤에는 결코 좋은 내용이 올 수 없기 때문이다. 예를 들면 이런 것이다.

"잠깐, 그런데 그건 네가 잘못 알고 있는 거야."

"잠깐, 그런데 꼭 그렇게 생각해야겠어?"

"잠깐, 그런데 그건 네 태도가 잘못됐기 때문이야."

상대의 말이나 인식을 교정해주는 것이 정말로 필요하고 절실한 상황이라면, 다른 방법을 찾아보거나 상대가 말을 다 마칠 때까지 기다려주자. 그리고 만일 그 교정해야 할 사항이 사소한 것이라면 굳이 교정하는 일은 하지 말자. 함께 맛있게 먹고 있는 음식의 원산지를 분명히 하기 위해 저녁 식사에서 화기애애하게 진행되고 있는 대화를 중단시킬 필요는 없을 것이다.

어떤 정보가 필수적이고 어떤 정보가 불필요한지 결정하는 건 당신의 몫이다. 이 일은 때로 어려운 것이 될 수도 있다. 하지만 이 문제에 대해 숙고하기 시작했다면, 당신은 이미 발전하고 있는 것이다. 그런 말을 하는 것이 정말로 필요한지 의식적으로 고려하지도 않은 채, 상대방의 실수를 지적하거나, 바로잡을 필요가 없는 사실을 바로잡는 경우가 너무나도 많기 때문이다.

다음번에 개인적인 문제에 대해 수많은 세부 사항을 늘어놓고 있는 자신을 발견한다면, 상대방의 얼굴을 한번 유심히 살펴보기 바란다. 혹시 그가 당신 옆에 있는 다른 무언가를 쳐다보고 있지는 않은가? 하품을 참느라 애쓰고 있지는 않은가? 만일 그렇다면 상대는 대화를 지루해하고 있는 것이다. 그럴 경우엔 이야기를 중단하고 상대가 원하는 이야기로 다시 돌아가기 바란다. 그러면 당신과 상대하고 있는 친구, 가족, 직장동료, 바리스타, 점원은 당신에게 고마움을 표할 것이다.

말센스 08

머릿속의 생각은 그대로 흘려보낸다

"

대화를 하는 동안 우리는 계속해서
다른 생각에 사로잡힌다. '나라면 이랬을 텐데',
'그땐 이랬어야지', '왜 그런 생각을 고집할까',
이런 식으로 계속 생각하는 것이다. 이것은 결국
상대의 말에 내 얘기를 끼워넣고 싶은 본능이다.
그 본능을 흘려보내라.
그래야 진정한 대화가 가능하다.

"

• • •

나는 소박한 일상의 용어들이 전문적인 용어들보다 종종 인간의 행동을 더 적절히 묘사해준다고 생각한다. 나는 이전 장에서 '털 많은 강아지 이야기'라는 표현으로 이야기를 전개했다. 이번 장은 '양털 걷어 모으기'라는 의미심장한 표현으로 시작하고자 한다.

대화 상황에서의 행동을 묘사하는 '양털 걷어 모으기'란 온갖 종류의 잡념이나 백일몽에 탐닉하는 습관을 나타내는 데 사용된다. 양털을 걷어 모을 때 당신은 말하는 상대를 똑바로 쳐다보기도 하고 가끔씩 고개를 끄덕이기까지 하지만, 그 사람이 하는 말을 실제로 듣지는 않는다. 당신 자신의 세상 속에서 자기 생각에만 사로잡혀 있기 때문이다. 이것이 바로 양털을 걷어 모으는 것이다.

이 표현은 목초지에서 덤불들 사이를 배회하면서 지나가는 양들이 남겨놓은 양털 무더기를 모아들이는 채집법에서 유래했다. 이런 식으로 양털을 모을 때는 정해진 방향도, 분명한 길도 없이, 흰색 털 뭉치가 보이는 오래된 덤불들 사이를 느긋하게 걸어 다니기만 하면 된다.

대화 상황에서 취하는 태도가 '잡초 밭으로 들어가기'인지 '양털 걷어 모으기'인지는, 대화를 흩트리는 주체가 누구냐에 따라 결정된다. 즉, 잡초 밭으로 들어가기에서는 화자의 정신이 산만해지지만, 양털 걷어 모으기에서는 청자의 정신이 산만해진다.

양털 걷어 모으기는 대화 자체가 일시적으로 중단되거나 집중력을 완전히 잃어버리는 것과는 분명히 다르다. 이것은 대화 상황에서 멀리 떨어져 나와 당신 자신의 머릿속으로 더 깊이 들어가도록 만드는 생각들과 연관되어 있다. 이런 태도를 묘사하는 또 다른 표현은 '토끼굴 속으로 떨어지기'이다. 백일몽을 통해 이상한 나라에 들어가는 앨리스처럼, 당신은 현실에서 벌어지는 대화에서 떨어져 나와 토끼굴 속으로 한없이 굴러떨어지게 된다.

나 또한 사람들이 '산만한 사람'이라 부르는 그런 유형의 사람 중 한 명이었다. 내게는 성인주의력결핍증AADD, adult attention deficit disorder 증상이 좀 있기 때문에, 가끔씩 주의를 집중하기가 매우 힘들다. 내 머리는 사방으로 날뛰는 수백 가지 생각 가닥에 의해 쉽게 어지럽혀지곤 한다. 충분히 주의를 기울이지 않으면, 나는 이 생각의 가닥들 중 하나를 따라가다가 대화의 주제로부터 완전히 벗어나버리고 만다.

하지만 이런 일이 나에게만 벌어지는 것은 아니다. 정도의 차이는 있으나 대화 상황에서 우리들 대부분은 딴 생각을 한다. 상대가 자동차 사고에 대해 이야기하는 동안 나는 내가 사고 싶었던 자동차를 떠올리고, 상대가 맛이 좋았던 파스타에 대해 이야기하는 동안 나는 엊그제 맛 보았던 형편없었던 파스타를 떠올리는 식이다.

내 경우 리포터로 일하던 초창기에는 이런 성향이 별로 문제가 되지 않았다. 아주 오랜 기간 동안 생방송을 전혀 하지 않았기 때문이다. 내가 한 모든 인터뷰는 항상 녹음과 편집의 과정을 거쳤다. 하지만 생방송 토크쇼의 호스트가 된 이후부터 나의 이런 성향은 매우 심각한 골칫거리가 되기 시작했다.

나는 아프가니스탄 전쟁과 관련하여 한 외국 특파원과 나눈 인터뷰를 절대로 잊을 수가 없다. 내가 정확히 언제 생각 속에서 길을 잃어버린 건지는 모르겠지만, 인터뷰 도중 그 특파원은 말하는 것을 중단한 채 내 응답을 기다리고 있었고, 나는 그가 무슨 말을 했는지 도무지 기억할 수가 없었다. 그래서 나는 대화의 방향을 전환해야겠다 싶어 새로운 질문을 하나 던졌는데, 그 질문은 상대가 이미 답을 한 질문이었다. 나는 그 사실을, 상대가 "제가 이미 설명 드렸듯이…"라고 운을 뗀 순간이 되어서야 알아차렸다. 수천만의 사람들이 그 방송을 듣고 있었고, 나는 엄청난 당혹감을 느꼈다.

그렇다면 나처럼 '양털 걷어 모으기' 성향이 심한 사람을 어떻게 가려낼 수 있을까? 스트룹 테스트라는 것이 있다. 그 테스트는 주어진 정보와 무관한 정보를 무시할 수 있는지 측정하는 테스트다(한글 검색창에 '스트룹 검사' 혹은 '스트룹 테스트'라고 검색을 해 보면 직접 테스트를 해 볼 수 있는 정보가 나온다 – 편집자 주). 이 테스트를 실행하면 당신은 단어 자체가 아닌 문자의 색으로 그 단어를 식별하도록 요청받는다. 예를 들어, '하얀색'이란 단어가 나타났는데, 그 단어의 색깔이 오렌지색으로 돼 있다면 당신은 '오렌지색'이라고 말해야 한다. 대화 상황에 비유하자면 여기서 '하얀색'이라는 단어는 대화에서 우리의 주의를 산만하게 만드는 요인이고, '오렌지색'은 우리가 집중해야 할 대화 내용이다.

스트룹 테스트를 해본 사람들은 생각했던 것보다 답을 맞히기가 힘들다는 사실에 절망하곤 한다. 나는 이런 결과가 나오는 이유를 한 문장으로 요약해서 제시할 수 있다. 한마디로, 대부분의 사람들이 정신이 산만해지는 소질을 어느 정도 지니고 있기 때문이다.

그런데 혹시 당신은 산만한 외부 자극을 걸러내는 비상한 능력을 지닌 사람을 만나본 적이 있는가? 나는 대학 시절 한 동기를 알고 지냈는데, 그녀는 타임스퀘어 광장 한복판에 앉아 학위 논문을 작성할 정도로 주의 집중 능력이 뛰어났다. 그녀와 비슷한 부류의 사람들은 고도로 발달된 '잠재적 억제latent inhibition' 능력을 보유하고 있는 사람들이다.

잠재적 억제 수준이 높다면, 당신은 아마도 개방형 사무실 혹은 사람들이 득실거리는 카페에서 일을 하거나 공부를 하는 데 아무런 어려움도 느끼지 않을 것이다. 하지만 이 성향이 낮다면 당신은 방해 요인을 차단하고 일에만 집중하기 위해 헤드폰을 써야 할 것이다. 이 잠재적 억제 성향이 극도로 낮은 사람들은 사무실 창밖에 비둘기만 날아다녀도 상대의 말에 집중하기 힘들다.

하버드대학의 심리학자인 셸리 카슨 박사는 창의적이고 고도로 지적인 사람들이 '잠재적 억제 능력 부족증'에 걸릴 확률이 일반인보다 7배 정도 더 높게 나타난다는 사실을 입증한 바 있다. 더 똑똑하고 창의적일수록 방해 요인을 차단하는 데 더 어려움을 겪을 수도 있다는 것이다. 그러고 보면 엉뚱한 사람들이 더 창의적이라는 고정 관념에도 어느 정도 진실은 담겨 있는 것 같다. 강력한 창의적 충동을 보유한 사람들은 끝없이 뒤얽힌 마음의 미로 속에서 길을 잃고 헤맬 가능성이 더 높기 때문이다.

쉽게 산만해지는 성향은 꽤나 흔하고 자연스러운 성향인 만큼, 성격상의 결점과는 무관하다. 심지어 이런 성향은, 당신이 '아직 물이 반이나 남아 있다'고 생각하는 낙관론자라면, 성격상의 장점이 될 수도 있다. 하지만 훌륭한 대화를 위해 애를 쓰는 상황에서는 분명 이런 성향이 아무런 도움도 안 될 뿐 아니라, 오히려 단점이 된다.

훌륭한 대화를 나누려면 집중을 해야 하며, 그것도 두 사람이 똑같은 주제에 동시에 집중을 해야 한다. 그리고 두 사람 모두 자신들의 머릿속을 지나가는 생각의 상당 부분을 기꺼이 무시할 준비가 되어 있어야 한다.

산만함이란 본질적으로 개인적인 문제다. 무작위로 떠오르는 당신의 생각과 연상 내용들은 상대의 머릿속에서 진행되는 내용들과 결코 맞아떨어지지 않을 것이다. 무작위로 떠오르는 생각이 대화의 훌륭한 첨가제가 될 수 없다는 말은 아니지만, 그런 경우는 사실 그리 많지 않다.

누군가가 구체적인 대상이나 장소(이야기의 사소한 세

부 내용)에 대해 언급할 때, 당신은 토끼굴 속으로 떨어지고 있는 자신을 발견하게 될 것이다. 예를 들어, 동네 커피숍에서 전 남자친구를 보았다는 당신 친구의 말이 당신에게는 그 커피숍에서 만난 유명 인사를 상기시킬 수 있다. 그래서 친구가 그 어색하고 힘든 경험에 대해 묘사하는 동안, 당신은 그 유명 인사에 대한 이야기를 어떻게 대화에 삽입할까 생각한다. 예들 들어 이런 식이다.

> 친구 : 앞으로는 그 커피숍에 가지 말아야겠어.
>
> 당신 : 그렇지만 거기서 유명한 사람을 만날지도 모르잖아. 내가 그랬던 것처럼.
>
> 친구 : @@@@@

이렇게 되면 당신은 무작위로 떠오른 생각이 대화를 망치도록 내버려 둔 셈이고, 어쩌면 친구의 마음속에다 당신의 우정에 대한 불신까지 불어넣었는지도 모른다.

적당한 조건하에서는 옆길로 빠지는 것이 훌륭한 일이 될 수도 있다. 당신 친구가 말하는 무언가가 당신 두뇌 속의 뉴런을 자극해 영감을 번뜩이게 할 수도 있다는 말이다. 당신이 친구와 그 아이디어를 공유한다면, 당신의 친구 또한 영감을 받은 느낌을 누리게 될 것이다. 이런 종류의 즉흥적 대화는 짜릿하고 활력을 불어넣는 경험을 제공해줄 수 있다. 하지만 이런 일은 보통 당신의 영감이 친구가 하던 이야기와 상당 부분 연관된 것일 경우에만 일어난다. 당신 스스로 대화의 경로를 완전히 바꾸는 것이 아니라, 당신 친구와 함께 예상치 못했던 경로로 빠져드는 것이어야 한다는 말이다. 모험 또한 두 사람이 함께해야 하는 것이다.

대화의 질을 향상시키기 위해서는 집중력을 향상시켜야 한다. 2007년에 수행된 한 연구는 자기 조절 능력을 훈련하는 것이 관계의 질 향상과 정신 건강 증진, 스트레스 감소, 성적 향상 등으로 이어질 수 있다는 사실을 보여주었다. 하지만 이것이 전부는 아니다. 자신의 의지력을 다스리면, 담배나 술에 대한 의지도 줄어들고, 섭식장애의 고통도 감소하며, 법을 위반할 확률까지도 낮아진다고 한다. 연구자들은 자기 조절을, "자신의 생각과 감정, 충동, 행동을 통제하거나 제어하는 능력"이라고 정의한 바 있는데, 이 정의는 상대의 말을 듣는 동안 머릿속의 생각을 따라가지 않으려고 노력하는 훈련에도 그대로 적용될 수 있다.

그런데 이 연구는 자기 조절 훈련이 얼마나 힘든 일인지도 보여주었다. 당신의 생각은 당신을 문자 그대로 '기진맥진하게' 만들 수 있다. 한 유명한 실험에서 연구자들은 참가자들 중 일부에게 갓 구운 초콜릿 쿠키로 유혹한 뒤, 그 초콜릿 대신 무를 먹으라고 요구했다. 이후 모든 참가자들에게 퍼즐을 푸는 과제가 제공되었는데, 쿠키에 저항한 후 무를 먹은 참가자들은 과제를 해결하는 데 어려움을 겪었다고 한다. 뇌가 지쳐 있는 상태에서는 문제를 제대로 풀 힘이 남아 있지 않은 것이다. 그러니 긴 하루가 끝날 무렵 대화에 집중이 잘 안 된다고 해서 놀랄 필요는 없다. 주의력을 끌어모으는 데 사용할 에너지가 이미 바닥난 상태이기 때문이다.

훌륭한 대화는 기본적으로 유유히 흐르는 강물과도 같다. 훌륭한 대화는 심지어 물보라가 일고 급격히 굽이치는 거친 강이 될 수조차 있다. 하지만 대화가 댐으로 가로막히거나 방향이 틀어져서는 곤란하다. 그리고 대화를 하다가 다른 보트로 건너 뛴 다음, 당신 친구가 당신을 따라와 주길 기대해서도 안 된다. 당신과 친구는 여행을 하는 내

내 그 보트 안에 함께 머물러 있어야 한다.

대화를 순조롭게 진행시키려면 당신은 생각이 마음속을 그냥 통과해 지나가도록 내버려두는 법을 배워야 한다. 쉬운 일은 아니지만, 방해가 되는 생각들을 무시하도록 자기 자신을 훈련시키는 일은 충분히 가능하다. 나는 내 자신의 경험을 토대로 이런 말을 할 수 있다. 나 역시 성인주의력결핍증을 앓는 다른 사람들처럼 이 문제를 해결하기 위해 고된 노력을 기울여왔기 때문이다.

생각 속으로 휩쓸려 들어가 '양털 걷어 모으기'를 하고자 하는 유혹에 저항하기가 그토록 힘든 이유는, 쉴 새 없이 진행되는 대화의 성격과도 일정 부분 연관되어 있다. 국가와 민족을 막론하고 전 세계적으로 대화는 거의 숨 쉴 틈도 없이 진행되어 나간다. 연구를 위해 이탈리아와 덴마크, 일본, 한국, 파푸아 뉴기니, 나미비아, 미국 같은 지역에서 열 가지 다른 언어로 이루어지는 대화를 기록한 결과, 연구자들은 한 문장이 끝나고 답변이 시작될 때까지의 시간이 약 0.2초밖에 안 된다는 사실을 발견했다.

간극이 가장 짧은 나라는 일본이었는데 7밀리초(0.007초)였다. 이는 그들이 기본적으로 상대의 말이 끝나기도 전에 자신의 말을 덮어씌운다는 것을 의미한다. 간극이 가장 긴 나라인 덴마크에서조차 그 시간은 고작 470밀리초밖에 안 되었다. 이는 0.5초도 채 안 되는 시간이다! 비교를 해볼 수 있도록 한 마디 덧붙이자면, 기억으로부터 단어 하나를 끄집어내는 데 걸리는 시간은 600밀리초(0.6초) 정도다. 따라서 200밀리초 안에 응답을 한다면, 문자 그대로 생각할 시간도 갖지 않고 말부터 하는 셈이 된다.

우리는 대체 어떻게 그토록 빨리 대답을 할 수 있는 것일까? 심리언어학을 연구하는 막스플랑크 협회의 스티븐 레빈슨에 의하면, 우리는 "상대가 말하는 동안 자신의 반응을 준비한다"고 한다. 레빈슨은 이렇게 주장했다.

"우리는 상대의 말을 듣는 동안 우리 자신의 말을 구성해냅니다. 말할 기회가 오면 최대한 빨리 그 기회를 포착하기 위해서지요."

충분히 공감이 가는 주장이다. 하지만 나는 한 가지 점에서만큼은 스티븐에게 동의할 수 없다. 즉, 나는 자기 자신의 반응을 준비하면서 다른 사람의 말을 듣는 일은 불가능하다고 믿는다. 다음에 무슨 말을 할지 계속 생각하고 있다면, 상대의 말은 오직 건성으로만 듣게 될 것이다.

인간 본성 자체가 산만해지기 쉬운 경향을 항상 지녀왔다고 할 수 있는데, 기술의 발전은 이 상황을 더 악화시켜

놓았다. 요즘 사람들이 현실에서 나누는 대화를 관찰해보면 온라인상에서의 경험과 상당히 비슷하다. 우리 대부분이 인터넷상에서 '읽는' 기사의 절반 가량을 스크롤로 그냥 내려버리듯이 대화를 나누고 있는 것이다.

그런데 웹사이트에서 가장 인기를 끄는 기능이 무엇인지 아는가? 바로 링크 클릭 기능이다. 무언가를 읽어야 하는 상황에서 우리가 가장 선호하는 행동이 우리를 곁길로 빠지게 만드는 '링크 클릭하기'인 것이다. 글 하나를 다 읽기도 전에 다른 링크를 클릭하여 또 다른 곳으로 넘어가는 일을 계속해서 반복하는 것이다. 인터넷은 이처럼 끊임없이 곁길로 빠져들도록 우리를 자극한다. 어쩌면 이런 상황이 우리로 하여금 대화에서 더 이탈하도록 부추기고 있는지도 모른다.

다른 누군가가 말하는 것을 듣는 동안, 오만 가지 생각을 마음속에 떠올리는 건 완전히 자연스러운 일이다. 나비 한 마리가 날아가거나 우스꽝스런 티셔츠를 입은 남자가 지나갈 때 주의가 흐트러지는 것도 자연스러운 일이다. 또 이야기를 나누고 싶은 다른 주제에 대해 생각하거나, 상대의 말을 듣는 동안 떠오른 생각에 흥분하는 것 역시 완전히 자연스런 일이다. 이런 유형의 잡념들은 그 자체로 나쁜 것도 아니고, 심지어는 비생산적인 것도 아니다.

하지만 무작위로 떠오른 그런 생각들을 대화 속에 삽입해 넣으려는 것은 다른 문제다. 그 순간 대화의 질은 급격히 떨어지고 사랑과 우정에는 금이 갈 것이다. 양털 걷어 모으기를 현실로 옮기는 순간, 당신은 상대를 뒤에 남겨둔 채 자기만의 세상 속으로 떨어지게 된다.

대부분의 사람들이 대화가 자유롭게 흐르도록 내버려 두는 것을 어려워한다. 그렇게 하려면 자신의 통제권을 포기해야만 하기 때문이다. 대화 상황에서 우리는 종종 대화라는 그 자동차의 운전자 역할을 맡고 싶어 한다.

그런데 양털 걷어 모으기는 운전대를 계속해서 움켜쥐는 하나의 방법이 될 수 있다. 대화의 방향을 돌리고 싶을 때마다 양털을 주우면 그만이기 때문이다. 우리는 대화의 주제를 바꿈으로써 언제든지 그 대화에서 빠져나갈 수 있다. 특히, 참신하거나 흥미롭다고 여겨지는 생각이 떠올랐을 때는, 운전대를 확 돌리고 싶은 충동이 강해진다.

말솜씨가 있는 사람일수록 이런 농담을 던지거나 저런 재담을 삽입해 넣고자 하는 강력한 유혹이 수시로 생겨난다. 그런 유혹에 저항하는 건 결코 쉬운 일이 아니다. 그래서 우리는 종종 자신이 대화를 방해하고 있다는 사실조차 인식하지 못한다. 그저 자신은 단지 대화에 활력을 불어넣는 재기 넘치는 말을 했을 뿐이라고 생각한다. 하지만 이런 태도는 사실 미묘한 형태의 나르시시즘에 불과하다.

때로는 적절한 반응과 논점 이탈 사이의 경계가 모호할 수도 있다. 대화의 방향성이 항상 뚜렷한 것은 아닌 만큼, 자신의 말이 대화의 경로를 어떻게 바꿀지 예측하기 힘든 것이다. 하지만 당신이 진정으로 상대의 말에 귀 기울이고 있다면 그 경계를 감지하기가 좀 더 쉬워질 것이다.

자신이 진정으로 귀를 기울이는지 판단하는 데 도움이 되는 일반적인 방법은, 자신이 현재의 순간에 존재하는지 점검해보는 것이다. 당신이 상대가 하는 말에 진정으로 귀를 기울이고 있다면, 당신은 그 순간 상대가 하는 말에만 집중한다. 만일 생각이 주의를 흩트리도록 내버려두거나, 자신이 하고 싶은 말에 관심을 둔다면, 당신은 상대의 말에 진정으로 귀를 기울이지 않는 것이다.

쉽게 산만해지지 않도록 마음을 훈련시키는 건 충분히 가능한 일이다. 특히 명상은 매우 효과적인 방법 중 하나다. 명상은 자기 자신의 생각을 관찰한 뒤 그 생각을 그냥 놓아 보내는 법을 가르쳐준다. 하지만 명상이 별로 내키지 않는다면 그저 상대의 말에 귀를 기울이고 불현듯 떠오르는 상념들을 붙들지 않고 놓아주면 된다. 그 무엇도 바꾸려 하지 말라. 산만한 생각을 더 빨리 알아차릴수록, 그 생각이 당신의 두뇌와 몸을 끌고 가기 전에 놓아 버리기도 더 쉬워질 것이다.

일단 머릿속으로 들어오는 생각을 알아차렸다면, 그 생각과 싸움을 벌이지도, '머릿속을 청소'하려고 애를 쓰지도 말라. 당신은 뇌가 생각하는 것은 막을 수 없고, 생각에 능동적으로 저항을 해봤자 정신만 더 산만해지기 쉽다. 그러는 대신 생각이 머릿속으로 들어오면 단순히 혼잣말로 "생각이로군" 하고 말한 뒤, 대화로 다시 주의를 되돌리면 된다.

또 최상의 대화를 위해서는 전자 기기의 영향을 완전히 배제해야 한다(이제 이 말이 잔소리로 들리길 바란다). 휴대폰을 집어넣고, 태블릿 PC를 치운 뒤, 모든 소리 나는 전자기기를 무음 상태로 만들어라. 휴대폰에 있는 대부분의 알림 기능을 영구 정지시키는 것도 좋은 방법이다. 누군가가 당신의 페이스북 게시물에 '좋아요'를 누를 때마다 그 사실을 알 필요가 있을까? 누군가가 인스타그램에 올린 사진을 공유하는 순간 그 사실을 꼭 알아야 하는가?

아마 그렇지 않을 것이다. 성인일 경우 평균 자신의 휴대폰을 하루에 110번 정도 확인한다고 한다. 13분마다 한 번씩 휴대폰을 쳐다본다는 소리다. 따라서 대화를 나누는 동안 휴대폰을 확인하고자 하는 충동에 저항하기보다는, 그냥 휴대폰을 치워놓는 편이 나을 것이다.

대화는 계발하기 쉽지 않은 두 가지 기질, 즉 인내와 집중력을 필요로 한다. 그렇지만 이것은 나쁜 소식이 아니다. 나는 이런 어려움이 대화의 아름다움을 더 증대시켜준다고 생각한다. 대화가 가치 있는 이유는, 자기 자신의 생각에만 탐닉하는 대신 다른 누군가의 생각과 느낌에도 주의를 기울이고 공감하면서 인내력과 집중력이 자연스럽게 커질 수 있다는 데 있다.

대화를 하면서 우리는 생각의 지평을 넓힐 수 있고, 창의력까지도 키울 수 있다. 대화란 좀 과장하자면 상대방의 뇌를 나의 뇌와 접속시키는 것이다. 그런데 상대방의 뇌 속에는 나의 뇌가 가지지 못한 지식, 통찰력, 공감력, 창의력, 유머감각, 표현력이 무궁무진하다. 대화를 나누지 않는다는 것, 그리고 제대로 대화를 하지 않는다는 것은 그 많은 보물들을 버리는 것과 같다. 물론 당신 또한 대화를 하면서 당신의 뇌가 가지고 있는 보물들을 상대에게 나눠 주는 셈이다. 인간은 대화를 할 수 있는 능력을 가졌기 때문에 영장류 가운데 가장 진보할 수 있었던 것이고, 인간들 사이의 우열 또한 대화를 하는 능력이 크게 좌우한다.

당신은 이미 당신의 머릿속에 무엇이 들어있는지 잘 알고 있다. 그러니 이제 다른 사람의 관점에 내재된 경이로움을 향해 당신 자신을 열어젖혀 보라. 그건 충분히 노력할 만한 가치가 있는 일이다.

말센스 09

좋은 말도 되풀이하면 나쁜 말이 된다

"

상대가 어떤 실수를 하면

우리는 그가 똑같은 실수를 되풀이하지 않을까 불안하다.

그래서 그 실수에 대해 무의식적으로 반복해서 지적한다.

하지만 아무리 옳은 말이라도 여러 차례 되풀이하면

반감이 생기는 역효과만 날 뿐이다.

실수는 지적해야 한다. 단, 딱 한 번만!

"

• • •

"당신은 너무 비판적이에요! 일이 잘못될 때마다 사람들을 벌벌 떨게 만들잖아요."

라디오 쇼 진행 과정에서 개선할 수 있는 점이 무엇인지 프로듀서들과 이야기를 나누기 위해 전직원 회의를 소집한 적이 있다. 그런데 한 젊은 여자 프로듀서가 회의가 정식으로 열리기도 전에 이런 말을 불쑥 내뱉었다.

나는 그녀의 반응에 정신이 어리둥절해졌다. 나는 나름대로 직원들에게 비판적인 피드백을 주지 않기 위해 엄청 노력한다고 생각해왔다. 나는 책상 옆에 비치해둔 노트패드에다 직원들과의 대화 내용을 일일이 기록하는데, 이렇게 하는 목적은 모든 직원들에게 최소 두 가지 이상의 긍정적인 피드백을 제공하기 위함이었다. 그런데 어쩌다 유능한 직원 중 한 명인 그녀의 기분이 그토록 상한 것일까? 나는 그녀에게 이유를 설명해달라고 요청했고, 그녀는 내게 몇 주 전에 발생한 사건 하나를 들려주었다.

그때 그녀는 쇼 진행 도중 투표율과 관련하여 어떤 교수와 전화 인터뷰를 할 수 있도록 전화 연결을 담당하고 있었다. 그런데 통화가 연결되자 수많은 잡음이 들리기 시작했다. 그 잡음은 몇 차례 통신을 마비시킬 정도로 심했기 때문에, 교수가 하는 말을 제대로 알아듣기가 힘들었다. 나는 생방송 중 직원들과 소통하기 위해 켜놓는 온라인 채팅창에 타이핑을 했다.

"연결 상태가 왜 이렇지?"

"방송 전에 두 차례 점검을 했는데 그때는 아무 문제도 없었어요."

그 여자 프로듀서가 응답했다.

"하지만 이건 정말 끔찍하군요."

나는 답신을 보냈다.

"저도 알아요."

그녀가 답했다. 쇼가 끝난 후, 나는 조정실로 가서 몇 가지 질문을 더 던졌다.

"대체 어떻게 된 일이지요?"

내가 묻자 여자 프로듀서가 답했다.

"제가 연결 상태를 여러 번 확인해봤는데, 그때는 정말 괜찮았어요."

"방송 중엔 정말 끔찍하더군요."

내가 다시 말했다.

"쇼가 시작되기 2분에서 3분쯤 전에 확인했을 때만 해도 정말 괜찮았는데…"

그녀가 다시 답했다.

"어쨌든 그 교수가 말하는 걸 듣기조차 힘들었던 순간들이 여러 차례 있었어요."

"저도 알아요…"

이 대화를 들으면서 어떤 것이 느껴지는가? 나와 그녀는 같은 말을 수차례 반복하고 있다는 걸 알아차렸을 것이다. 그리고 나는 그 여자 프로듀서를 직접적으로 비난하거나 비판하지는 않았을지 몰라도, 간접적으로는 계속해서 그녀를 탓하고 있었다.

그 여자 프로듀서가 이 대화를 하고 나서 기가 죽고 나에게 질려버린 것은 한마디로, 반복 때문이다. 나는 "끔찍했어요"라는 말을 몇 차례에 걸쳐 끔찍할 정도로 반복했다. 그녀는 인터뷰 연결의 책임자였던 만큼, 내가 끔찍했다는 말을 반복할 때마다 뺨을 얻어맞은 듯한 기분을 느꼈을 것이다. 게다가 이미 그녀는 내가 지적한 인터뷰의 문제점에 대해 동의하고 있었으므로, 나의 반복적인 투덜거림은 문제점에 대한 지적이 아니라 비난 행위와 다를 바가 없었다.

그 회의 이후로 나는, 내가 부정적인 피드백을 얼마나 자주 반복하는지 관찰하기 시작했다. 그 결과 내가 생각했던 것보다 훨씬 더 많은 부정적인 피드백을 하고 있음을, 그런 나의 태도가 직원들의 사기에 악영향을 미치고 있음을 깨닫게 되었다. 아마 그 여성 프로듀서가 용기를 갖고 지적해 주지 않았다면, 나는 반복적인 표현만으로도 상대방이 질릴 수 있다는 사실을 결코 깨닫지 못했을 것이다.

나는 아들이 친구와 싸웠을 때 아들과 나눈 대화를 기억한다. 당시 아들의 학교 친구 한 명이 놀이터에서 시끄럽게 욕을 하면서, 기회가 될 때마다 아들의 공을 빼앗으려 했다. 결국 내 아들은 인내심을 잃고 그를 밀어 쓰러뜨리고 말았다. 그래서 나는 아들에게 이렇게 말했다.

"그건 네 잘못이야. 네가 친구에게 손을 대기 전까지는 그 친구가 잘못했지만, 손을 대는 바람에 사정이 뒤바뀌게 된 거야."

우리의 대화가 끝나고 아들은 교장실에 불려갔다. 교장실에서 돌아온 아들은 친구에게 사과의 글을 써준 일에 대한 이야기를 늘어놓았고, 그 얘기를 듣고 나서 나는 다시 말했다.

"친구를 밀지 말았어야지. 네가 화를 잘 참았더라면, 교장 선생님은 너 대신 친구를 혼냈을 거야."

그러자 아들은 벌을 받으면서 점심시간을 보내야 했던 일을 이야기하면서, 선생님이 나를 보고 싶어 한다고 말했다. 그러자 나는 또 말했다.

"그러니까 친구를 건드리지 말았어야지."

그 순간, 아들이 갑자기 소리를 질렀다.

"나도 알아요! 똑같은 말을 수백 번도 더 듣네요! 난 바보가 아니라구요!"

그 순간 깨달았다. 아들이 옳았다는 것을. 나는 이미 같은 말을 수 없이 반복한 상태였다. 좋은 말도 되풀이해서 들으면 듣기 싫어진다는데, 듣기 싫은 말을 되풀이했으니 얼마나 듣기 싫었겠는가. 반복은 어떻게 보면 제자리걸음과도 비슷하다. 흥미롭지도 않은 데다 더 이상 앞으로 나아가지도 않기 때문이다.

우리는 같은 내용을 반복하는 행위가 그 내용을 상대방의 머리에 입력하는 데 도움이 된다고 가정한다. 이렇게 생각하는 것은 어린 시절부터 배우는 내용을 계속해서 반복하도록 교육받았기 때문인지도 모른다.

반복이 새로 배운 내용을 기억하도록 도와주는 건, '그 정보를 반복하는 것이 우리 자신'이라는 단 한 가지 이유 때문이다. 그리고 실제로 과학적인 연구 결과도 반복이 기억할 확률을 높여준다는 것을 증명한다.

하지만 반복의 혜택이 듣는 사람에게까지 미치는 것은 아니다. 어떤 내용을 상대방에게 반복해서 얘기하면 오히려 그 내용을 더 잘 기억하게 되는 사람은 듣는 사람이 아니라 말하는 사람이다. 물론 반복적으로 말한 내용이 듣는 사람에게 각인되긴 하겠지만, 그 내용을 더 잘 기억한다는 보장은 없다.

또 반복이 기억에 가져다주는 혜택에도 한계란 게 존재한다. 연구자들에 따르면 우리가 무언가를 반복해서 보거나 들을 때 세부 사항을 기억하는 대신 요점만 파악한다고 한다. 예를 들어 익숙한 교차로를 생각해 보자. 연구에 따르면 특정한 교차로를 여러 번 방문할 경우, 비슷해 보이는 다른 교차로와 구분하는 능력도 떨어진다고 한다. 그래서 만약 누군가가 그 교차로에 대해 설명해 달라고 하면, 그 교차로에 약국이 있었는지, 편의점이 있었는지 헷갈릴 수 있다.

또 반복의 효율성은 반복이 거듭됨에 따라 약화된다(일종의 한계효용 체감의 법칙이다). 책을 처음 읽을 때는 엄청난 양의 정보를 흡수하게 된다. 하지만 같은 책을 두 번째로 읽게 될 때 사람들에게는 '난 이걸 알아'라는 마음이 생긴다고 한다. 그 결과 책에 담긴 내용에 대해 더 깊이 이해하려 하지 않게 되고 대충 훑어보게 된다. 실제로는 이해하지 못하고 넘어간 부분들이 수두룩함에도, 그 내용을 아주 잘 안다고 착각하는 것이다.

이것은 대화에도 똑같이 적용된다. 누군가가 어떤 내용을 우리에게 반복해서 말하면 듣는 동안 머릿속에서 '나도 알아. 나도 알아. 나도 알아'라고 중얼거리게 된다. 상대의 말을 처음으로 들을 때는 많은 도움을 받을 수 있지만, 두 번 세 번 듣다 보면 의미가 둔탁해지기 시작하는 것이다. 연구에 따르면 중요한 정보를 반복하는 행위는, 그 정보를 기억하는 데 도움을 주기보다 정보를 그냥 무시해버리기 쉽게 만든다고 한다.

대화할 때 이 사실을 고려하는 것은 매우 중요하다. 왜냐하면 우리들 대부분은 상대에게 말할 때 같은 말을 계속해서 반복하는 경향이 있기 때문이다. 하지만 상대는 똑같은 말을 두 번만 반복해도 '이미 아는 내용이야'라고 생각하며 집중하지 않게 된다.

반복이 듣기를 중단하도록 만들 수 있다는 사실은 어떻

게 보면 역설적이다. 대부분의 사람은 자신의 말이 제대로 전달된 것인지 확신이 서지 않을 때 반복하기 때문이다. 예를 들어 보자.

> 아내 : 토요일 오후 4시에 기차역 앞에서 만나요.
>
> 남편 : …

남편의 대답이 없으므로 아내는 남편이 자기 얘기를 들었는지 못 들었는지 확신할 수 없다. 그래서 아내는 남편에게 내용을 추가하면서 반복한다.

> 아내 : 오후 4시까지 도착하지 않으면 기차를 놓칠지도 몰라요.

남편이 아내의 말에 반응하지 않은 것(혹은 못한 것)은 한 가지 이유 때문만은 아니다. 아내는 남편이 자신의 말을 건성으로 들었기 때문에 반응하지 않았다고 생각하겠지만, 남편이 반응하지 않은 이유(혹은 못한 이유)는 아내의 생각보다 다양하다.

아내의 말을 듣기는 했지만 다른 일(예를 들어 아이와 놀아주거나 책을 보는 것)을 하느라 대답하지 못했을 수도 있고, 아내의 생각과는 다른 의견이 있는데 어떻게 말해야 할지 아직 정하지 못했을 수도 있고, 그냥 단순히 다른 시끄러운 소리 때문에 못 들었을 수도 있다. 물론 아내의 생각처럼 건성으로 들었을 가능성도 있다(그리고 어쩌면 같은 말을 되풀이하는 아내의 습관에 이미 익숙해져버렸기 때문일 수도 있다). 하지만 분명한 것은, 상대가 내 말에 대답하지 못한 이유가 단 한 가지 때문만은 아니라는 것이다.

그렇다면 상대가 내 말에 반응하지 않을 경우 어떻게 해야 할까? 반복적으로 그 내용을 말하기보다는 우선 내가 한 말을 상대가 들었는지 확인해 보는 편이 낫다. 이렇게 말이다.

"여보, 내가 한 말 들은 거죠?"

만약 상대가 그 말에 수긍을 하면 같은 말을 다시 반복할 필요가 없고, 못 들었다고 답할 경우에만 다시 얘기해주면 된다.

우리는 스스로 말을 얼마나 자주 반복하는지 인식하려고 노력해야 한다. 또 이미 한 말을 계속 반복하도록 우리를 자극하는 것이 무엇인지 숙고해야 한다. 우리들 대부분은 내가 한 말에 대해 상대가 반응하지 않으면 상대가 내 말을 건성으로 들었다고 생각하지만, 이유는 그렇게 단순하지 않다.

상대의 무반응에 내가 했던 말을 반복하기보다는 2초에서 3초 정도 멈추고 생각해 보는 습관을 들이자. 그리고 상대의 반응과는 상관없이 내가 습관적으로 같은 말을 반복하는 잘못된 습관을 가진 것은 아닌지 생각해 보자.

어느 해인가 나는 대화하는 동안 같은 내용을 두 번 이상 반복하지 않겠다는 결심을 세운 적이 있다. 당시만 해도 나는 그것이 쉬울 거라고 생각했다. 하지만 내 결심이 지속된 기간은 고작 2주 정도에 불과했다.

그래서 나는 내가 같은 말을 반복할 때마다 "메아리"라는 단어를 말해달라고 아들에게 부탁한 적이 있다. 그리고 아들로부터 이 말을 수십 번 정도 들은 뒤부터, 나는 같은 말을 반복하는 습관을 서서히 극복하기 시작했다.

자신의 말을 점검하는 훈련은 다이어트를 하기로 결심한 뒤 식사 일기를 작성하는 것과 비슷하다. 다이어트를 할 때 처음에는 입에 넣는 모든 음식을 기록하는 일이 왜 도움이 되는지 이해하지 못한다. 자신이 무슨 음식을 먹는지 꽤 잘 알고 있다고 생각하기 때문이다. 하지만 일단 입으로 들어가는 쿠키와 초콜릿, 탄산음료 등을 빼놓지 않고 기록하다 보면, 자신의 입에 무슨 음식을 집어넣고 있었는지 제대로 알고 있지 못했다는 점을 깨닫게 된다.

말의 반복도 마찬가지이다. 일단 내가 한 말을 점검하기 시작한 이후, 나는 내 입으로부터 무슨 말이 나오는지 제대로 알고 있지 못했다는 점을 깨달았다.

했던 말을 계속 반복하는 것은 나르시시즘의 징후일 수도 있다. 새롭게 더할 말은 없지만 대화를 계속해서 주도해 나가려는 심리인 것이다. 직장에서는 이런 일이 아주 흔하게 일어난다. 우리 모두는 말을 계속하고 싶어 하지만 딱히 할 말이 없기 때문에 했던 말을 계속해서 반복하는 직장 동료나 상사를 수시로 만난다.

상대가 진정으로 내 말귀를 못 알아듣는다고 생각한다면, 그래서 반복적으로 말하는 것이 필요하다고 생각한다면, 간격 반복(spaced repetition. 시차를 둔 반복)을 활용하는 것이 좋다.

간격 반복이란 반복해서 말하려 할 때 시간 간격을 두는 기법으로, 벼락치기의 한 변종이다. 일부 기업 임원들과 의학도들, 그리고 심지어는 약한 수준의 치매 환자들까지 이 기법의 효과를 보고 있다.

예를 들면 이런 것이다. 나는 사람들의 이름을 기억하는 데 큰 어려움을 겪는다. 그래서 처음 만난 사람의 이름을 외울 때, 나는 그 사람의 이름을 먼저 몇 차례 반복한다. 그런 뒤 시간이 1분가량 지나도록 좀 기다렸다가 그 이름을 다시 반복한다. 대화 도중 그 이름을 사용할 기회가 4번에서 5번 정도 생기면, 그 이름은 머릿속에 훨씬 잘 새겨진다.

이 원칙은 일터에서도 그대로 적용된다. 예컨대 동료들에게 전해야 할 세 가지 중요한 정보가 있다고 해 보자. 이 경우 전달 내용을 계속해서 반복할 것이 아니라, 처음에는 그 세 가지 정보에 대해 간단히 언급한다.

"세 가지 중요한 전달 사항이 있습니다"

그리고 각각의 정보에 대해 상세히 설명을 해 주고, 설명이 끝난 다음 다시 요약한다.

"간단히 요약하자면, 세 가지 중요한 정보란 이런 것들입니다"

이처럼 반복되는 말에 간격을 두면, 당신의 동료들은 당신이 말한 내용을 훨씬 더 쉽게 기억할 것이다.

반복은 지루하고 불필요하며 비생산적인 경우가 많다. 반복이 필요한 경우도 있지만, 대부분의 반복은 청자가 아닌 화자의 기억을 돕는 효과적인 수단에 불과하기 때문에 대화를 망치는 하나의 요인이 된다.

대화 상황에서 불필요한 반복을 피하는 유일한 방법은 당신이 하는 말에 주의를 기울이는 것뿐이다. 당신 자신의 말에 먼저 주의를 기울여보면, 자신이 똑같은 말을 계속해서 반복한다는 사실을 깨닫고 놀라게 될지도 모른다.

말센스 10

이 얘기에서 저 얘기로 건너뛰지 않는다

"

우리는 대화 중에 인터넷의 링크를 누르듯
이리저리 대화의 주제를 바꾼다. 상대의 진지한
말조차 가벼운 뉴스처럼 취급하는 것이다.
이런 대화는 하지 않느니만 못하다.
대화를 나누기가 어렵다면 솔직하게
말하는 것이 좋다. 지금은 다른 중요한
일 때문에 대화를 나누기 어렵다고.

"

• • •

제인 : 오늘은 정말 피곤한 하루였어.

조지 : 나도 정말 피곤했어.

제인 : 직장생활은 정말 지친다.

조지 : (휴대폰을 보다가) 야, 이 사람 정말 웃기네. 어떻게 이렇게 재밌을 수가 있지.

이 대화는 단 네 줄의 대화이지만 최악의 상황이 연출된 대화다. 제인은 자신이 지친 하루를 보냈다는 말을 함으로써 조지의 위로를 받고 싶었을 것이다. 그런데 조지는 앞장에서 얘기했던 지지 반응 대신에 전환 반응을 보인다. 제인에게 위로를 해 주지 않고 자기도 피곤하다며 관심을 자신에게로 돌리고 있다("나도 정말 피곤했어").

그런데 더 큰 문제는 그 다음이다. 제인은 다시 직장생활 때문에 지쳤다는 말을 함으로써 조지의 위안을 받고 싶어 하지만, 조지는 한 술 더 떠서 대화의 주제를 아예 다른 데로 돌려버리고 있기 때문이다.

당신 주변에 이런 사람들이 반드시 한둘 쯤은 있을 것

이다(어쩌면 대다수가 그럴지도 모른다). 대화를 이어가기보다 대화를 단절시키는 데 능한 사람들 말이다. 그들은 상대의 말에 귀를 기울이기보다 자신이 하고 싶은 말만 하려 하고, 대화의 맥을 끊는 행동이나 말을 자주 한다.

현대인들은 심리적으로 대단히 불안정한 상태에 있다. 한 가지 일에 잘 집중하지 못하고, 집중한다 하더라도 그 시간이 매우 짧다. 그 이유로는 여러 가지를 들 수 있겠지만, 나는 가장 큰 이유가 스마트 기기의 보급 때문이 아닐까 생각한다.

스마트폰, 스마트워치, 태블릿 PC, 노트북 등 휴대할 수 있는 기기들이 늘어나면서 우리의 대화 능력은 점점 추락하고 있다. 함께 커피를 마시면서도, 함께 밥을 먹으면서도, 함께 운동을 하면서도 우리의 시선은 불안하게 이리저리 헤맨다. 그런데 역설적이게도 우리는 그러한 행동을 우리의 능력이라고 착각한다.

대화 중에도 이런 상황이 자주 발생한다. 한 번에 한 가지 대화에 집중하는 것이 아니라, 대화의 주제를 이리저리 건너 뛰면서 나중에는 원래 무슨 대화를 나누려고 했었는지조차 잊어버리고 만다.

그냥 잡담을 나누는 거라면 그런 행동이 크게 문제되지 않을 수도 있다. 하지만 조금이라도 진지한 주제를 가지고 대화하고자 한다면 그런 행동은 심각한 불통을 초래한다.

두 가지 일을 동시에 효과적으로 처리해낼 수 있다는 생각은 유감스럽게도 잘못된 생각이다. 일반적인 믿음과는 달리 인간은 멀티태스킹에 그리 능하지 못하다.

멀티태스킹이란 애초 사람을 위해 고안된 말이 아니었다. 그 말은 원래 다수의 프로그램을 동시에 처리해내는 컴퓨터를 묘사하기 위해 사용된 말이다. 하지만 인간의 뇌는 컴퓨터 운영 체제와는 달리 한번에 오직 하나의 대상에만 집중할 수 있다.

나 역시 과거 멀티태스킹을 신봉하는 사람들 중 하나였다. 즉석 요리 전문가나 응급실 간호사, 중학교 교사 등이 일하는 모습을 본 적이 있다면, 당신도 아마 멀티태스킹이 가능하다고 믿을지 모른다.

하지만 멀티태스킹을 한다고 생각할 때 우리가 실제로 하고 있는 건, 한 가지 일과 다른 일 사이를 재빠르게 오가는 것이 전부다. 이런 '주의력의 전환'을 제대로 인식하지 못하기 때문에, 두 가지 일을 동시에 한다고 착각하는 것이다.

그럼에도 멀티태스킹을 시도하는 것은 그것이 우리 뇌에 즐거운 경험을 선사해주기 때문이다. 신경 과학자인 다니엘 레비틴은 그에 대해 이렇게 말한다.

"어떤 행동에서 다른 행동으로의 재빠른 전환은 도파민(기분을 좋게 만드는 신경전달물질 중 하나)을 분비시킴으로써 끊임없이 외부 자극을 추구한 것에 대한 효과적인 보상을 제공해준다."

하지만 우리는 결국 도파민을 남용한 것에 대한 값비싼 대가를 치러야 한다. 급속도로 이루어지는 신경 연결의 변화 때문에 '뇌를 과잉 자극하여 정신을 흐리게 하고 생각을 어지럽히는' 호르몬인 코르티솔과 아드레날린의 분비도 증가하기 때문이다.

대화 중에 주제를 이리저리 건너 뛰는 이유는 무엇일까? 하고 싶은 말이 많기 때문일까? 아니면 그렇게 여러 가지 이야기를 나누는 것이 상대에게 좋은 것이라고 생각하기 때문일까? 적어도 후자는 아닐 것이다. 자기 이야기를 하느라 바쁜 사람은 상대를 배려할 여유가 없다.

현대인들이 많이 앓고 있는 정신과 질환 중의 하나가 ADHD(주의력결핍 과잉행동장애)다. 어느 하나에 집중하지 못하거나 분노를 참지 못하고 폭발하는 것처럼 감정 조절이 잘 안 되는 질환이다. 대화가 주제에서 자꾸 벗어나고 끊기는 것 또한 이런 질환과 비슷하다. 이것이 과잉행동까지는 아니더라도 주의력이 결핍된 것만은 분명하다.

대화에서 주의력이 떨어지는 것은 태생적으로 그런 경우도 있겠지만, 나는 그 주된 이유가 스마트폰 때문이라고 생각한다. 라디오, TV, 컴퓨터도 기술문명의 발명품이지만, 스마트폰은 그 세 가지를 모두를 합쳐놓은 것인 동시에 언제나 휴대할 수 있는 것이어서 다른 사람과의 대화를 무용지물로 만들기 일쑤다. 그리고 실제로 스마트폰 때문에 커뮤니케이션 능력이 저하되고 있다는 연구 결과가 계속해서 등장하고 있다.

스마트폰을 보는 동안 한 가지 주제에 대해 오랫동안 집중하는 사람은 드물다. 스마트폰으로 드라마나 영화를 보는 것이 아니라면 짧게는 몇 초에서 길어봐야 몇 분 정도 집중하는 것이 전부다. 게다가 길을 가면서도 스마트폰을 보고, 밥을 먹으면서도 스마트폰을 보고, 일을 하면서도 스마트폰을 보다 보니 스마트폰이 곁에 없으면 불안감을 느낄 정도다.

이렇게 스마트폰을 한시도 곁에서 놓지 않고 살다 보

니, 그것이 습관이 되어 우리의 대화를 방해한다. 한 가지 주제에 대해 오랫동안 이야기를 나누는 것이 힘들어지는 것은 물론이고, 스마트폰의 링크를 클릭하는 것처럼 주제 자체를 이러저리 건너뛰어야만 할 거 같은 강박에 시달리는 것이다.

훌륭한 대화를 원한다면 이런 상황을 인식하고 대화에 온전히 주의를 기울여야 한다. 훌륭한 대화를 나누는 것이 당신의 목표라면 최소한 말하는 도중 문자메시지나 SNS를 확인하는 것만은 피해야 한다.

대화에서는 미묘한 어감과 어조가 매우 중요하다. 대화를 나누면서 10초마다 트위터나 페이스북, 메시지를 확인하거나 한다면, 당신은 결국 상대의 말을 놓치거나 오해하게 될 것이다.

게다가 대화에 집중하지 않으면 방금 들은 내용을 기억할 가능성 또한 현저히 줄어들게 된다. 우리는 최상의 조건 하에서조차 들은 내용을 기억하는 데 어려움을 겪는다. 수많은 연구 결과들이 이 점을 입증해왔다. 미네소타대학에서 수행한 한 연구는 귀를 기울여 들으라는 부탁을 받은 사람들조차 방금 들은 내용의 50퍼센트 정도만 기억해낸다는 사실을 보여준다. 두 달 후 그들은 주의 깊게 들은 내용 가운데 오직 25퍼센트만 기억해냈다. 이 연구가 뜻하는 것은 무엇인가? 대화에 완전히 관심을 쏟지 않을 경우, 대화를 하는 의미 자체가 사라져버리게 된다는 것이다.

만일 당신이 대화를 그만두고 싶다면, 딴짓을 할 게 아니라 솔직하게 말하는 것이 좋다. 생각할 거리가 너무 많아 당신의 말에 귀를 기울이기 힘들다고 정중하게 말하는 것이다. 내 경우 종종 이렇게 말한다.

"생각을 좀 정리해야겠어요. 죄송하지만 대화에 집중하기가 힘이 드네요. 당신의 말을 계속 듣고 싶은데, 나중에 다시 연락해도 괜찮을까요?"

아무리 짧은 대화라도 대화 자체에 완전히 집중을 하든가 아니면 그냥 걸어 나오는 것이 낫다. 정신이 너무 산만하다면 그렇다는 사실을 인정한 뒤 상대방에게 알려주는 것이다. 대화 순간에 집중하는 것과 대화의 자리에서 걸어 나오는 것, 둘 중 하나를 선택해야 한다.

대화에 집중하기 위한 가장 효과적이고 탁월한 방법으로 내가 추천하고 싶은 것은 명상이다. 명상이라고 하면 사람들은 무슨 심오하거나 이상한 것은 아닌가 하는 의심을 하고, 명상이라는 말에 불교를 떠올리기도 하지만 명상은 이상한 것도 아니고 종교적인 것도 아니다.

요가가 종교적인 의식이 아닌 것처럼 명상도 두뇌를 훈련하는 데 활용되는 하나의 훈련법일 뿐이다. 우리는 체육관에 가서 근육을 단련하듯, 명상을 활용해 마음을 단련할 수 있다. 명상은 우리에게 몸과 호흡, 생각들을 알아차리는 법에 대해 가르쳐준다.

명상은 시간이 많이 들지도 않는다. 하루에 단 5분만 명상을 해도 그 효과를 볼 수 있다. 명상을 하는 방법은 아주 간단하다. 우선 조용히 앉아 눈을 감은 뒤 호흡에 초점을 맞춘다. 이 상태에서 마음속에 생각이 일어나면, 그 생각에 머물지 말고 그냥 지나가게 내버려둔다. 생각을 알아차리기만 한 뒤 놓아 보내면서 다시 호흡으로 관심의 초점을 되돌리면 된다. 이게 다다! 이것이 가장 기본적인 명상법이다.

단순해 보일지 모르지만, 결코 쉽지는 않다. 생각을 멈추는 것은 결코 쉬운 일이 아니다. 아무 일도 안 하는 순간조차 뇌는 계속해서 무언가를 생각한다. 단 1분만이라도 생각을 멈출 수 있다면 그건 대단한 일이다.

생각이 떠오르는 걸 막기는 힘들지만 임의대로 떠오르

는 생각들을 따라가지 않도록 자신을 훈련시킬 수는 있다. 명상은 뇌가 떠올린 생각을 단순히 알아차리기만 하도록 도움으로써, 당신에게 생각에 대한 더 많은 통제권을 준다. 어떤 생각을 품고 어떤 생각을 놓아버릴지 선택할 수 있게 되는 것이다.

만일 명상 훈련을 계속해서 생각을 더 많이 알아차리게 된다면, 당신은 아마도 말을 더 느리게 하게 될 것이다. 또 대화 도중 자신의 생각을 확인하기 위해 더 많이 멈추게 될 것이다. 이렇게 함으로써 당신은 말을 할 때 좀 더 차분해질 수 있다.

나아가 명상은 상대의 말에 귀를 기울이도록 도움으로써 당신의 대화 기술을 향상시켜줄 것이다. 일단 당신 마음속에 있는 그 수다쟁이가 조용해지고 나면, 당신은 마음이 흐려지지 않은 상태로 상대가 하는 말에 온전히 집중할 수 있게 된다.

어떤 방법을 선택하든, 중요한 것은 대화의 순간에 집중할 방법을 찾아내는 것이다. 명상을 하듯 다른 사람의 말을 귀 기울여 듣고 그 말을 음미해 보자. 말로 표현된 메시지와 무언의 메시지 모두에 주의를 기울여보자. 그 순간 당신의 대화 수준은 한 수준 도약할 것이다.

말센스 11

고독의 시간이 공감력을 높여준다

"

하버드에서 수행된 연구에 따르면
다른 사람에게 공감을 느끼는 능력이
고독을 경험한 후에 더 향상된다고 한다.
가끔씩 혼자 있는 시간을 갖는 것만으로도
다른 사람들과의 관계를 증진시킬 수 있다는 것이다.
더 충실한 관계를 유지하고 싶다면
고독의 시간을 가져라.

"

• • •

나는 집안에서는 전화를 많이 사용하지 않는다. 통신사 직원과 이야기를 하거나 병원을 예약할 일이 생기면, 나는 그 일을 내 아들에게 부탁한다. 일터에서 집에 돌아올 때쯤이면 대화를 하느라 너무 지친 상태여서, 몇 시간 동안 침묵을 유지할 필요가 있기 때문이다.

퇴근 후 내게는 고객 서비스 상담원이나 서비스 회사 직원들과 재잘거릴 에너지조차 남아 있지 않는 경우가 허다하다. 저녁 식사를 마칠 때쯤이 돼야 능동적으로 들으면서 긍정적인 태도로 대화에 임할 마음의 자세가 갖춰진다. 나만 이런 경험을 하는 것이 아닐 것이다.

과학적 연구 결과들은 모든 대화가 건설적이거나 도움이 되는 건 아니라고 말한다. 2010년, 애리조나대학의 한 연구팀은 일상적 대화를 추적할 수 있도록 수십 명의 학생들에게 녹음 장치를 달아보았다. 그리고 나중에 학생들에게 어떤 상황에서 자신이 행복했는지 평가해 보라고 요청했다.

그 결과 행복하다고 응답한 학생들은 주로 다른 사람들과 함께 시간을 보내는 경향이 있는 것으로 나타났다. 실제로 가장 행복도가 높았던 학생들은 사교적이지 못한 학생들보다 혼자 보내는 시간이 25% 가량 적었고, 다른 사람들과 대화를 나누는 시간은 70% 정도 더 많았다.

이건 그다지 놀라운 결과가 아니며 예상 가능한 결과다. 우리는 이미 인간이 사회적 동물이란 사실을 잘 알고 있고, 외로움과 고립이 우리를 불행하게 만드는 경향이 있다는 점도 잘 알고 있기 때문이다. 하지만 이 연구에는 우리가 예상치 못한 결과도 있었다. 모든 대화가 다 행복에 기여하는 건 아니라는 사실이다.

연구자들은 행복도가 가장 높은 학생들의 경우 나머지 학생들보다 잡담을 하는 시간이 1/3 정도 적었고, 긴 대화를 나누는 시간은 두 배 정도 더 길었다는 점을 발견했다. 그래서 그들은 다음과 같이 결론을 내렸다.

"행복한 삶은 개인적이기보다 사회적이고, 피상적이기보다 깊이가 있다."

우리 대부분은 매일 일정한 양의 잡담을 견뎌낸다. 친구나 가족, 직장 동료나 클라이언트가 아무 의미 없는 말을 걸어온다면 그냥 무시하고 지나칠 수는 없다.

하지만 이런 이야기를 피할 수 없는 경우도 있지만 (상사의 두서없는 잡담을 항상 사양할 수는 없을 것이다), 아무 말도 하지 않는 것이 최상의 대화 전략인 경우도 많다.

예컨대 상대의 말에 집중할 에너지나 동기가 부족한 상태라면 자기 자신을 고립시키는 편이 더 낫다. 그래야 분통을 터뜨리거나 진심이 아닌 말들을 늘어놓는 일을 피할 수 있기 때문이다.

잡담은 귀에 거슬리는 선에서 그칠지 모르지만, 억지로 임하는 대화는 우리의 진을 완전히 빼놓을 수 있다. 최근 나는 자기 여동생의 결혼 문제에 대해 털어놓는 한 동료에게 양해를 구하고 대화에서 빠져나온 적이 있다. 나는 그 동료를 잘 알지도 못했고, 그녀의 여동생을 만나본 적도 없다. 그녀 입장에서는 자신의 걱정을 털어놓고 주변의 지지를 받을 필요가 있었는지 모르지만, 나는 관심을 기울일 에너지가 부족한 상태였다. 그래서 나는 그녀에게 이렇게 말했다.

"스트레스가 심하겠네요. 근데 제가 좀 급히 처리해야 할 일이 있어요. 저도 얘기를 나눌 시간이 있었으면 하지만, 오늘까지 마쳐야 할 일이 있어서 좀 힘들 것 같아요."

이렇게 답하는 것이 좀 야박해 보일지 몰라도, 건성으로 들으면서 "정말 안됐다", "어쩌면 좋을까"처럼 공허한 대답을 늘어놓는 것보다 더 나은 선택이라고 생각한다. 그렇게 얘기할 바에는 차라리 제대로 귀를 기울여줄 다른 사람을 찾아보라고 권유하는 편이 훨씬 낫다.

훌륭한 대화는 에너지와 집중력을 필요로 한다. 이 두 가지 자원이 턱없이 부족한 상황이라면, 나는 아예 대화에 임하지 말라고 말해주고 싶다. 정직하고 공손하게 양해를 구한 뒤, 그냥 대화에서 빠져나와라.

피곤하거나 짜증이 났거나 머리가 아픈 상황에서 긴 대화에 참여하는 것은, 도움도 안 될뿐더러 생산적이지도 못하다. 내키지도 않는데 억지로 대화를 한다면, 당신은 대화의 결과에 만족하지 못할 것이다. 그러니 관심을 기울이기 힘든 대화 때문에 죄의식을 느낄 필요는 없다.

내가 지금 한 말은 아마도 내향적 성격을 지닌 사람들에게 위안이 될 것이다. 수잔 케인이 자신의 책《콰이어트》를 통해 널리 알린 것처럼, 내향적 성격의 사람들은 외향적인 사람들과 다른 방식으로 에너지를 획득한다. 내향적인 사람들은 주로 혼자 있는 시간 동안 에너지를 재충전하며, 다른 사람들에게 둘러싸인 채 대화를 나누는 상황을 불편해하고 소모적인 것으로 느끼는 경향이 강하다.

내향적인 사람들만 고독으로부터 혜택을 얻을 수 있는 건 아니다. 우리 모두는 일정 정도 내향적 성향을 가지고 있기 때문에, 약간의 평화와 고요함은 거의 모든 사람에게 이로움을 제공해준다. 일리노이대학에서 수행된 한 연구는, 방과 후 시간의 25퍼센트 이상을 혼자 보내는 10대들이 학업 점수도 높았고, 우울증에 걸릴 확률도 낮았다는 점을 발견해 냈다. 수석 연구원인 리드 라슨은 이렇게 말했다.

"역설적인 건 혼자 있는 상태가 특별히 행복한 상태는 아니라는 점입니다. 그렇지만 어떤 반발 효과rebound effect가 일어나는 것 같았어요. 입에 쓴 약이 몸에는 좋은 것처럼 말이지요."

이 10대들은 비록 고독을 즐기지는 않았지만, 고립된 경험을 하고 난 뒤 더 고양된 기분을 느꼈고, 이런 긍정적인 상태는 최소 한 주 이상 지속되는 경향이 있었다.

고독이 창의성을 촉진시키고 생각을 깊게 한다는 경험적이고 과학적인 근거들 또한 무수히 많이 제시되어 있다. 월든 호숫가에 자리 잡은 헨리 데이빗 소로우의 작은 오두막집이나 소음을 막기 위해 코르크로 마감을 한 마르셀 프루스트의 검소한 아파트를 한 번 떠올려보라. 고독은 정말 멋진 것이 될 수도 있다.

물론 창의성 전문가들은 혁신이 고독에만 의존한다고 말하지 않는다. 그들은 고독과 공동작업 사이의 섬세한 균형으로부터 창의성이 촉발된다고 주장한다. 예컨대 스티브 잡스와 함께 애플을 만든 스티브 워즈니악이 집안에 혼자 있는 동안 퍼스널 컴퓨터를 발명했는지는 모르지만, 그의 아이디어는 스티브 잡스와 공동으로 작업하면서 동료 집단과 대화를 나눈 결과였다. 대화를 통해 영감을 얻은 뒤, 그 영감을 고립 상태에서 집중적으로 가다듬은 것이다.

그래서 집중력 연구에 관한 세계 최고의 권위자인 미하이 칙센트미하이 박사 또한 다음처럼 말했다.

"창의적인 사람들은 외향성과 내향성 모두를 나타내 보이는 경향이 있습니다."

그러나 그의 연구 결과는, 발명이나 예술과 무관한 외향적인 사람일지라도 혼자 보내는 시간을 규칙적으로 마련함으로써 여러 가지 혜택을 얻을 수 있다는 점을 보여주기도 했다.

하버드에서 수행된 한 연구는 다른 사람에게 공감을 느끼는 능력이 고독을 경험한 이후에 더 높아진다는 사실까지 입증해냈다. 가끔씩 대화를 피하는 것만으로도, 다른 사람들과의 관계를 증진시킬 수 있을 뿐만 아니라, 앞으로 일어날 대화의 질까지 향상시킬 수 있다는 것이다.

하지만 안타깝게도 우리 대부분은 규칙적으로 고독을 추구하지 않는다. 대부분의 사람들은 혼자 있는 것 자체를 싫어한다. 하버드와 버지니아대학의 연구자들은 서로 다른 11편의 연구를 수행한 끝에, 사람들 대부분이 고립되는 것을 싫어한다는 점을 발견해냈다. 사실 많은 사람들은 '혼자 남겨지는 것'보다 '자기 자신에게 전기 충격을 가하는 쪽을 선호'하기조차 했다. 외로움에 대한 이 같은 혐오가 원하지 않을 때조차 대화에 참여하도록 당신을 유혹할 수 있다. 하지만 그렇게 하는 것은 분명 좋지 못한 선택이다.

중요한 것은 양이 아닌 질이라는 점을 잊지 말기 바란다. 하루 종일 말을 한다고 해서 훌륭한 대화 전문가가 되는 것도 아니다. 끊임없이 수다를 떤다고 해서 말의 가치가 높아지는 것도 아니다. 누군가가 말을 걸어올 때마다 능동적으로 대화에 몰두할 수 있는 사람은 정말 극소수에 불과하다. 아마도 당신은 그렇게 할 수 없을 것이다. 그러니 집에 가서 가족들의 말에 귀를 기울일 수 있도록 지하철 안에서 침묵할 시간이 필요하다면, 그냥 조용히 침묵을 지켜라. 그렇게 하는 것을 불편하게 생각하지 말아라.

하루에 대화를 단 한 번만 하더라도, 그 대화는 영감에 차고 일깨움을 주는 것이어야 한다. 그런 대화는 당신의 삶을 풍부하게 하고, 세상과 사람들에 관한 더 깊은 이해를 가져다줄 것이다.

말센스 12

말은 문자보다 진정성이 강하다

"

우리는 말로 해야 할 때조차 문자를 쓴다.
얼굴을 보며 대화를 나누는 것이 불편하기 때문이다.
하지만 말에는 문자에서는 느낄 수 없는 감정과 감각과
뉘앙스가 있다. 누군가와 좀 더 친밀해지고 싶다면
말을 통한 대화가 필요하다.

"

• • •

섬세한 대화를 나눌 수 있는 건 오직 인간뿐이다. 그래서 생물학자들은 대화 능력이 인간 종의 성공에 막대한 영향력을 행사했을 것이라고 생각한다. 비록 인간이 처음으로 말하기 시작한 때가 언제인지는 여전히 논란거리지만, 우리가 최소 100만 년 동안 끊임없이 재잘거려 왔다는 사실만큼은 분명해 보인다.

그렇다면 대화 능력은 우리를 어떤 식으로 도운 것일까? 예를 하나 들면 이렇다. 일단 인간은 거짓말을 할 수 있지만 다른 동물들은 그렇지 못하다는 사실을 들 수 있다. 고양이가 당신을 미워할 때 당신은 그 사실을 그냥 안다. 개는 으르렁거리는 소리를 꾸며낼 수 없고, 코끼리는 짜증난 척 가장할 수 없다. 하지만 인간은 가식적으로 행동할 수 있다. 이것이 결점일 때도 있지만 유용할 때가 더 많다.

예컨대 당신이 시어머니나 장모, 상사 같은 사람들을 좋아하는 척 가장할 수 없다고 상상해보라. 힘든 하루를 보낸 친구에게 내일은 더 나은 날이 될 것이라고 말해줄 수 없다고 상상해보라. 당신의 고용주가 될 사람에게 회사에 최소 5년 동안 머물 계획이라고 말할 수 없다고 상상해보

라. 이 '거짓말'이란 단어가 부정적인 의미로 쓰이는 건 충분히 이해할 만한 일이지만, 거짓말은 삶에 필수적인 기술이기도 하다. 게다가 거짓말은 오직 인간만이 지닌 기술이다(우리집 개들은 내 아들에게 두 번째 아침밥을 얻어먹기 위해 아침을 굶은 척하지만, 과학자들은 이런 행동을 '거짓말'로 간주하지는 않는 것 같다).

대화 능력은 오랜 세월에 걸쳐 우리 인간 종의 핵심 자산이었다. 하지만 다른 종과 비교했을 때 인간의 신체적 특질은 강점이 되지 못한다. 우리는 표범의 민첩성에 감탄하고, 왕도마뱀의 독이나 북극곰의 엄청난 힘을 동경한다. 우리가 맨손으로 회색곰에게 이길 수 없다는 사실은 누구나 다 알 것이다. 당연한 말이지만 힘으로 따지면 우리는 먹이사슬 꼭대기에 있지 않다. 힘이라는 것에 1점에서 5점까지 점수를 매긴다면, 인간의 점수는 2.21점밖에 되지 않는다. 이 정도면 멸치와 비슷한 수준이다. 하지만 인간은 언어를 통한 의사소통 능력을 지님으로써 먹이사슬의 맨 꼭대기에 오르게 되었다.

언어는 우리에게 구체적인 의사표시 능력을 부여해준다. 대화가 핵심적인 역할을 담당하는 부분이 바로 여기다. 고양이는 당신에게 자기가 아프다는 사실을 전달할 수는 있지만, 어디가 어떻게 아픈지 묘사해줄 수는 없다. 하지만 우리는 그 일을 해낼 수 있을 뿐만 아니라, 고통의 정도를 1에서 10까지 점수로 매길 수도 있고, 통증이 언제 시작되었는지, 어떤 느낌의 통증인지 말해줄 수도 있다. 이런 능력은 생존을 위한 강력한 도구가 된다.

우리는 의사소통이 인간에게 얼마나 중요한지 망각해왔다. 우리가 현대에 일어난 대화의 퇴보를 그토록 쉽게 받아들인 건 아마도 이런 망각 때문일 것이다. 대다수 사람들은 역사적으로 인간이 의사소통하는 능력에 얼마나 크게 의존해 왔는지 잊어버렸다. 언어와 대화가 인간의 생존을 위한 필수적 수단이 된 이래로 수천 년이 흘렀고, 그 기간 동안 우리는 의사소통을 위한 도구들을 급속히 발달시켜 왔다. 하지만 지금 우리는 과거와 비교하여 더 나은 의사소통을 하고 있는 것일까? 대답은 한 마디로, '그렇지 않다'이다.

우리가 서로에게 말하는 방식을 개선해야 하는 이유는 두 가지인데 그중 하나는 경제적인 것이고, 다른 하나는 인간적인 것이다.

먼저 경제적인 이유부터 알아보자. 컨설팅 회사 코그니

스코에 의해 수행된 한 연구에 의하면, 질 나쁜 의사소통 때문에 낭비되는 비용이 한해 41조 9,000억 원에 달한다고 한다. 근로자 한 명당 한 해에 29만 원 이상씩 낭비하는 셈이다. 게다가 이 통계치에는 사원수가 100명 이상인 기업들만 포함되어 있다. 모든 기업체를 다 포함시킬 경우 수치가 얼마나 더 높아질지 상상해보라.

반면 질 좋은 의사소통은 상당한 수익을 가져다준다. 의사소통 능력이 탁월한 리더가 이끄는 기업은 평범한 리더들이 운영하는 기업보다 거의 50퍼센트나 더 높은 수익을 내는 것으로 나타났다. 거대 소매상인 베스트바이는 사내 의사소통과 관련된 심층 연구를 진행한 바 있는데, 여기서 얻어낸 가장 주목할 만한 사실 중 하나는, 의사소통을 통해 직원 참여도를 1퍼센트 높일 때마다 매장의 영업이익이 1년에 1억 원씩 증가했다는 점이다.

노벨상을 수상한 심리학자이자 《생각에 관한 생각》의 저자인 대니얼 카너먼이 수행한 연구에 의하면, 대부분의 사람들은 자기가 싫어하는 사람보다 자기가 좋아하고 신뢰하는 사람과 사업하는 쪽을 선호한다고 한다. 어쩌면 당연한 소리 같지만, 고객들이 상품의 질이 떨어지고 값이 더 비쌀 때조차 호감 가는 사람의 상품을 선택하는 걸 보면 당연하다고 무시할 얘기는 결코 아니다.

불통으로 인한 경제적 낭비의 또 다른 예로 다음과 같은 사례를 들 수 있다. 미국 소비자들은 매년 약 15조 8,000억 원에 달하는 가전제품을 반품한다고 한다. 제품에 하자가 있어서가 아니다. 그 상품들 가운데 85퍼센트에서는 아무런 문제점도 발견되지 않는다. 그럼 무엇이 문제였을까? 소비자가 박스를 개봉한 후 단순히 제품의 사용법을 이해하지 못했기 때문이다. 이해하기 힘든 제품 설명서나, 판매원이 제품을 전달하면서 고객과 나눈 잘못된 의사소통이 아무런 문제도 없는 제품을 반품하게 만든 것이다.

결국 명료하지 못한 제품 설명 때문에 연간 13조 5,000억 원에 달하는 비용 손실이 발생한 셈이다. 그런데 사실 이 수치는 겉으로 드러난 손실액만 고려한 수치다. 제품 설명서를 제대로 이해할 수가 없어 반품한 고객들은 같은 회사의 제품을 다시 찾으려 하지 않을 것이다. 그렇다면 손실액은 더 늘어날 것이다. 이는 결국 의사소통만 제대로 했다면 수십조 원에 달하는 비용을 절약하거나 수익으로 연결시킬 수 있었다는 얘기가 된다.

또 다른 예로 병원을 들 수 있다. 병원 내에서의 의사소통은 환자의 생명을 좌우하기도 하지만 비용에도 큰 영향을 미치고 있다.

메릴랜드대학교의 연구자들은 미국 병원들이 비효율적 의사소통 때문에 매년 약 13조 5,000억 원의 비용을 낭비한다는 사실을 발견했다. 적게 잡은 수치가 이 정도다. 여기에는 낭비된 진료 시간으로 인한 비용도 포함되지만, 이 액수의 절반 이상을 차지하는 건 적절한 시기에 분명히 전달받지 못한 정보로 인한 추가 입원비용이다.

원활하지 못한 의사소통은 직원들의 근무 기간에도 영향을 미친다. 사업체의 규모가 어떻든, 경영자들은 이직률이 높은 것을 좋아하지 않는다. 비용이 많이 들기 때문이다. 시간당 1만 원을 버는 직원 한 명을 대체하려면 390만 원 이상의 비용을 들여야 한다. 직원 한 명을 교체하는데 그 직원 연봉의 약 20퍼센트씩 들어가는 셈이다. 즉, 어떤 직원의 연봉이 4,000만 원이라면 그 직원을 대체하는데 드는 비용은 약 800만 원 정도가 된다. 물론 이 비용은 평균일 뿐이다. 만약 그 직원이 유능한 직원이었다면 손실액은 기하급수적으로 늘어날 수 있다.

질 나쁜 의사소통은 인재 채용 시에 내리는 결정에도 마찬가지로 부정적인 영향을 미친다. 예컨대 많은 인사 담당자들은 말을 잘하고 많이 하는 사람이 훌륭한 영업 사원이 될 것이라고 가정하는 실수를 저지른다. 흥미롭게 이야기를 전달할 수 있는 사람이라면 고객을 유혹하는 데도 뛰어날 것이라고 선불리 단정 짓는 것이다. 하지만 종종 진실은 그와 정반대다. 가장 능률적인 영업사원, 즉 가장 많은 판매량을 기록하는 판매원은 타인의 말을 경청하고 거기에 반응할 줄 아는 사람인 경우가 많다. 결국 거래를 성사시키는 건 훌륭하고 균형 잡힌 대화를 할 줄 아는 사람인 것이다.

직장에서 우리의 의사소통은 불안정할 뿐만 아니라, 제대로 사용조차 되지 못하고 있다. 사람들은 복도로 걸어나가 동료들과 대화를 나누거나 전화기를 집어들 수 있는 상황에서는 이메일을 보내지 않는 편이 좋다는 것을 잘 알고 있다. 연구자들도 문자 메시지를 사용할 때보다 개인적으로 만나거나 전화를 활용해 대화를 나눌 때 말할 내용이 더 잘 전달된다는 점을 보여주었다.

하지만 우리는 전화로 대화하는 것을 너무나도 꺼려해서, 많은 대기업들이 음성 메일을 완전히 폐기하는 쪽을 선택했을 정도다. 예컨대 2015년 제이피 모건 체이스 사가 직원들에게 음성 메일에 대한 선택권을 부여했을 때 직원들의 65퍼센트 이상이 폐기하는 쪽을 택했다. 2014년 코카콜라사에서 같은 제안을 했을 때, 음성 메일을 보존하는 쪽을 택한 직원은 단 6퍼센트에 불과했다.

우리가 문자 메시지와 이메일을 그토록 애호하게 된 건 전혀 놀랄 일이 아니다. 이런 소통 수단은 이용이 편리하고, 우리에게 더 많은 통제권을 부여해주며, 상대와 물리적, 정서적 거리까지 유지할 수 있도록 해주기 때문이다. 우리는 반응 여부와 시기 등을 선택할 수 있고, 메시지를 보내기 전에 편집을 할 수도 있다. 또한 우리는 메일을 저장해 두었다가, 수개월 뒤 우리가 그 메일을 '보냈다'는 것을 입증할 근거로 활용함으로써, 반대 의견을 무마시킬 수도 있다.

21세기의 사업 환경에서 이런 유형의 의사소통이 전화보다 더 효율적이라고 생각하는 것은 자연스러운 일이다. 하지만 맥킨지 글로벌 연구소의 연구 결과는 다른 사실을 보여준다. 2012년에 수행된 한 연구는 이메일을 좀 더 신중하고 분별력 있게 사용하는 습관을 들일 경우 생산성이 25에서 30퍼센트까지 증대될 수 있다는 점을 보여주었다. 그와 관련하여 〈엔터프러너〉지의 로스 맥케먼은 이렇게 말한다.

"중요한 건 전화가 일을 더 잘 처리하도록 도와준다는

점입니다. 이메일과는 달리, 전화는 더 공감적이고 정확하고 정직해질 것을 요구하기 때문이지요."

물론 이 말이 의사소통을 항상 전화로 해야 한다는 의미는 아니다. 문제는 우리가 말로 해야 할 때조차 문자나 이메일을 쓰고 있다는 것이다. 말은 문자나 이메일과는 달리 한 번 뱉으면 주워담을 수 없고, 수정할 수 없다는 사실 때문에 사람들은 갈수록 말하기를 꺼려 한다. 하지만 말은 문자나 이메일에서는 느낄 수 없는 감정과 감각과 뉘앙스가 있다. 그래서 누군가와 좀 더 친밀해지고 가까워지고 진정성이 있게 되려면 말을 통한 대화가 필요하다.

말센스 13

편리함을 위해 감정을 희생시키지 않는다

"

스마트폰 같은 기기를 통한 의사소통은

매우 효율적이고 편리하다. 말로 하는 것보다 실수도 덜하다.

하지만 효율적이고 실수가 없는 소통이란 얼마나 비인간적인가?

때로는 실수투성이에 뒤죽박죽이고 엉망인 의사소통이

가장 인간적이다.

"

• • •

몇 년 전, 내 아들은 학교에서 힘든 시기를 보내고 있었다. 아들은 따돌림을 당한 뒤부터 아침마다 학교에 가는 것을 두려워했다. 그는 수업에 참여하기를 주저했고 숙제도 하지 않았다. 아들의 선생님은 아들의 성적이 떨어지고 있다는 사실을 알리기 위해 내게 이메일을 보내왔다.

이후 수주에 걸쳐 나는 그녀와 수많은 이메일을 주고받았다. 나는 이 여성이 내 아들을 진심으로 위한다는 점을 알았고, 그녀 역시 내가 아들을 위하는 마음을 알고 있었다. 하지만 우리는 진정어린 소통을 할 수 없었다. 그녀는 내 아들에게 공부를 시키느라 애를 먹고 있었고, 아마도 내가 아들을 너무 감싸고돈다고 생각한 것 같다. 나는 함께 아들을 도울 유일한 후원자가 큰 그림을 보지 못하는 것 같다고 느꼈고, 그동안 내 아들은 계속해서 고통을 받았다.

결국 나는 교장 선생님에게 전화를 걸어 담임선생님과 셋이 한번 만나자고 요청했다. 나도 인정하지만, 분명 최상의 선택은 아니었던 것 같다. 그녀의 상사를 포함시키는 바람에 긴장감만 더 고조되었기 때문이다. 모임은 좋지 못한 분위기에서 시작해 순식간에 논쟁으로 굴러 떨어졌다. 나는 아들을 도우려면 이 여성에게 감정적 차원에서 호소할 필요가 있다는 점을 깨달았다. 그래서 나는 일부러 교장 선생님의 눈을 피하면서 그녀 쪽으로 몸을 돌렸다. 나는 팔을 뻗어 탁자 위에 놓인 그녀의 왼손을 잡으며 이렇게 말했다.

"저와 소통이 잘 안 돼 힘드셨다면 사과드립니다. 아들이 너무 걱정돼서 그랬어요. 아들은 4학년을 못 마칠지도 모르잖아요. 혹시라도 제가 한 말 때문에 화가 나신 적이 있다면, 죄송하다고 말씀드리고 싶습니다. 저는 그저 아들이 학교에서 잘 지내기를 바랄 뿐입니다. 아들이 힘들어하는 모습은 차마 보기 힘들거든요."

나는 그녀의 인상이 부드러워지는 것을 보았고, 입주변의 긴장이 누그러지는 것도 목격했다. 이메일로는 결코 볼 수 없었던 광경이다. 그녀는 이렇게 대답했다.

"걱정 마세요. 제가 잘 돌봐주고 있어요. 저는 항상 아드님 편이고, 아이가 잘될 수 있도록 모든 일을 다할 거예요. 근데 그거 아세요? 그는 정말 훌륭한 아이예요. 저는 그 애를 정말로 사랑해요."

그 순간 이후, 이 선생님은 내 아들의 가장 강력한 후원자가 되었다. 다른 부모와 마찬가지로, 나도 내 아들의 선생님들과 수많은 대화를 나눠봤지만, 그 대화만큼 인상에 남는 대화는 없었다. 그 효과가 너무나도 극적이었기 때문이다. 우리는 스크린 뒤에서 수주에 걸쳐 의사소통을 해왔지만, 그런 식의 소통은 우리를 인간적으로 이어주지 못했다.

이메일을 주고받는 기간 동안 그녀의 마음속에 무슨 일이 일어났는지 나는 알 수 없지만, 대화를 통해 내가 그녀를 젊은 여인이 아닌 '선생님'으로 보기 시작했다는 점만큼은 분명히 말할 수 있다. 그녀는 이제 아이들로 가득한 교실에서 16시간씩 일하는 젊은 여성이 아닌, 내 아들의 선생님이었다. 오래도록 나는 그녀를, 내 아이를 돌봐주고 보살펴주는 선생님이 아니라, 내 아이의 성공을 가로막는 장애물로만 여겨왔다. 하지만 단 한 번의 대화만으로 우리는 서로를 진정으로 이해하게 되었다.

지난 수십 년에 걸쳐 의사소통의 양은 폭발적으로 증가해 왔다. 2000년 당시 사람들은 매달 약 140억 개에 달하는 문자를 보냈다. 그런데 이 수치는 2010년도에 1,880억 개로 폭증했고, 2014년도에는 5,610억 개까지 증가했다. 단

14년 만에 문자 메시지의 수가 5,470억 개나 증가한 것이다. 이는 믿기 힘들 정도의 증가 폭이다. 이런 추세는 이메일과 관련된 통계에서도 나타난다. 2011년 당시 발송된 이메일의 수는 약 1,050억 개 정도였다. 그런데 2020년이 되면 이 수치가 2,460억 개까지 증가할 것으로 예상된다.

이는 부유한 선진국에만 국한된 문제가 아니다. 이 데이터는 이런 추세가 선진국과 개발도상국을 아우르는 세계 전역에 걸쳐 일어나고 있다는 점을 보여준다. 퓨 연구센터가 2012년 21개국을 대상으로 수행한 연구에 따르면, 휴대폰을 소유한 사람 가운데 75% 정도가 문자 메시지 기능을 사용한다고 한다. 그런데 문자메시지의 활용도가 가장 높은 나라 중에는 가장 가난한 나라인 케냐와 인도네시아도 포함되어 있었다. 기술에 대한 우리의 의존이 모든 사람들의 의사소통 방식을 바꿔놓고 있는 것이다.

그렇다면 이런 경향은 우리의 대화 기술에 어떤 영향을 미칠까? 문자 메시지는 나날이 그 영향력을 증대시키고 있지만, 의사소통에 있어 핵심 요소라 할 수 있는 '공감력'에는 오히려 악영향을 끼치고 있다.

2010년, 미시간대학교의 한 연구팀은 지난 30년에 걸쳐 수행된 72편의 연구 결과들을 한데 엮어냈다. 그 결과, 그들은 대학생들의 공감 능력이 40퍼센트 가량 하락했고, 이런 변화가 2000년 이후에 일어났다는 점을 발견했다. 이 연구 작업을 이끈 한 연구원은 이렇게 말했다.

"온라인상에서 '친구'를 사귀는 것이 쉬워짐에 따라, 사람들은 타인의 문제에 반응하고 싶지 않을 때 그 문제를 간단히 무시해버리는 성향을 갖게 되었습니다. 이런 행동방식은 오프라인 상황으로까지 확대될 수 있지요."

이런 변화는 매우 우려할 만한 것이다. 공감이란 기본적으로 다른 사람의 느낌을 감지하고 감정적 상태를 인식하며 그들의 경험을 상상해내는 능력이다. 동료가 슬프다는 것을 단순히 인식하는 데서 그치는 것이 아니라, 상대가 겪고 있는 상황이 어떨지 짐작하고 자신이 그 위치에 있었다면 어떻게 느꼈을지 상상할 줄도 알아야 한다는 말이다.

공감을 경험하려면 우리는 자신에 대한 생각과 다른 사람에 대한 생각 사이에 다리를 놓을 줄 알아야 한다. 우리는 공감하기 위해 자신에게 다음과 같은 질문을 던져봐야 한다.

"내게 그런 일이 일어났다면 내 기분이 어땠을까?"

공감은 인간의 생존에 필요한 필수적인 능력이다. 그래

서 심지어는 태어난 지 6개월이 된 아기들조차 공감적 행동의 징후를 보인다. 공감이 의미 있는 의사소통의 필수 요소 중 하나라는 사실에는 논쟁의 여지가 없다. 하지만 오늘날 우리가 활용하는 의사소통 수단들은 상대에게 공감할 기회를 거의 제공해주지 않는다.

소셜 미디어 활용에 대한 최근의 한 연구 결과는 온라인상에서 맺어진 친구관계의 절반가량이 "비상호적"이라는 점을 보여주었다. 말하자면, 당신이 '친구'라고 생각하는 사람의 절반 정도는 당신을 친구로 보지 않는 것이다. 한 연구 참가자는 비상시에 연락할 수 있는 사람들의 목록을 제출한 바 있는데, 연구자들이 그들과 직접 연락해 보니, 오직 절반 정도만이 그를 도울 의향이 있다고 답해왔다.

어떤 전문가들은 인간의 본성이 본질적으로 낙천적이기 때문에 우리가 맺어진 관계를 실제보다 더 깊이 있는 것으로 간주한다고 말한다. 다른 전문가들은 많은 '친구'를 사귀는 것이 사회적 (때로는 직업적) 열망의 대상이 되었기 때문에 우리가 그런 관계를 기회주의적으로 활용하는 것이라고 주장한다. 어쨌든, 이제 '친구'라는 단어는 하나의 동사가 되어버렸다. 예컨대 우리가 사용하는 '트위터 친구'라는 말에는 '한 번에 140문자씩만 알아가는 사람'이란 뜻이 담겨 있다.

컴퓨터는 정보를 1,000분의 1초 만에 처리해낼 수 있지만, 인간은 그런 효율성을 모방할 수 없고 모방하려 해서도 안 된다. 즉흥적인 말과 주제에서 벗어난 이야기가 상대에 대해 가장 많은 것을 드러내주는 경우가 많기 때문이다. 당신의 친구가 식료품점에 갔다 온 간단한 스토리를 5분 동안 이야기한다 해도, 그 이야기를 정말로 인상 깊게 만드는 것은 잠깐 동안 말을 멈추는 것과 미소, 웃음 같은 부차적 요인들이다. 만일 그 모든 요인들에 귀를 기울일 만큼 충분히 주의를 집중하지 못한다면, 당신은 친구의 말 전체를 놓치게 될 것이다.

그런데 요즘에는 많은 사람들이 그런 세부 요인을 놓치고 있다. 오늘날 인간의 평균적인 주의집중 시간은 약 8초 정도 되는데, 이는 금붕어와 비슷한 수준이다. 일터에서조차 하나의 업무에 오래도록 집중하는 능력은 감소되고 있다. 일반적으로 직장인은 약 3분마다 이메일과 전화, 문자 메시지, 소셜 미디어에 의해 방해를 받는다. 주의집중 시간을 감소시킨 주범은 아마도 인터넷일 것이다. 그리고 스마트폰이나 태블릿을 활용해 인터넷을 아무 곳에서나 어느 때나 할 수 있게 되면서 집중력의 감소가 더 빠르게 진행된 것 같다.

실제로 연구 결과는 이런 기기들이 근처에 놓여 있기만 해도, 얼굴을 맞대고 하는 대화의 질이 떨어진다는 점을 보여주었다. 영국에서 수행된 한 연구에서 연구자들은 낯선 사람 한 쌍을 방안에 앉혀 놓고 잡담을 나누게 했다. 실험에 활용된 방들 가운데 절반은 탁자 위에 휴대폰이 놓여 있었고, 나머지 절반은 휴대폰이 놓여 있지 않았다. 대화가 끝난 후 연구자들은 참가자들에게 서로를 어떻게 느꼈는지 물어보았다. 그 결과 휴대폰이 있는 방에서 잡담을 나눈 참가자들이 휴대폰이 없는 방에서 잡담을 나눈 참가자들보다 관계의 질을 더 낮게 평가한 것으로 나타났다. 또 방안에 휴대폰이 있을 때 참가자들은 "서로를 덜 신뢰했고, 상대가 자신에게 공감을 나타내보이지 않는다고 생각"하는 경향이 컸다.

연구자들은 휴대폰의 존재 자체가 대화의 질과 대화 당사자들의 유대감에 악영향을 미친다는 결론을 내렸다. 휴대폰이 단지 탁자 위에 놓여있었을 뿐인데도 말이다! 당신이 친구나 동료와 함께 점심을 먹으며 탁자 위에 휴대폰을 올려놓았던 순간들을 떠올려보기 바란다. 당신은 휴대폰을 집어 들어 이메일을 확인하지 않았다는 이유만으로 자신이 관계에 충실했다고 생각했을지 모르지만, 사실 무시당한 그 메시지들은 여전히 함께 있던 사람과의 유대에 악영향을 미치고 있었다.

비록 우리가 휴대폰을 주머니 속에 넣어둔 채로 대화중인 상대에게 8초 이상 집중하면서 정서적 유대를 형성하는 데 성공한다 하더라도, 그 상황에는 기술에서 비롯되는 한 가지 장애물이 더 존재한다. 기꺼이 대화를 나누고자 하는 의지 결여가 그것이다.

2014년 퓨 연구센터에서 수행된 한 연구는, 사람들이 소셜 미디어상에서 자신이 내보인 견해가 인기 없다는 사실을 알게 될 경우, 그 견해를 공유하길 꺼려한다는 점을 발견했다. 이는 상당히 역설적인 현상이다. 소셜 미디어가 처음 나왔을 당시만 해도 이 기술이 더 다양한 관점을 수용하는 광장 역할을 할 것이라는 기대가 있었기 때문이다. 하지만 실제 현실에서는 이처럼 거절당할지 모른다는 두려움 때문에 생기 넘치는 대화의 가능성이 차단당하고 있는 것이다.

오해하지는 말기 바란다. 나는 기술에 반대하는 사람이 아니다. 나는 태블릿과 스마트폰, 노트북, 전자책 단말기 모두를 가지고 있다. 나는 음성인식 기능을 지닌 스마트워치에 말을 걸기도 하고, 내 아들에게 이메일을 보내기도 한다. 아들이 메일을 빨리 확인하지 않을 때는, 손가락을 몇 번 움직여 똑같은 메시지를 아들의 태블릿이나 전화기에 다시 전송하곤 한다.

기술을 통한 의사소통은 훌륭한 것이 될 수 있다. 게다가 대화를 시도하는 것이 이메일이나 문자를 보내는 것보다 더 위험하고 뒤죽박죽일 때도 있다. 하지만 그 엉망인 것이 가장 뛰어난 것인 경우도 많다. 젊은 남성이 더듬거리며 사랑을 고백하는 모습이나, 어린 소녀가 숨 가쁘게 등교 첫날 학교에서 있었던 일을 묘사하는 모습을 떠올려 보라. 이런 미묘한 말투가 스크린 상에서는 사라져버린다. 자신의 생각을 타이핑한 뒤 세심하게 편집하는 행위가 우리에게 약간의 통제력을 주는 건 사실이지만, 나는 그런 식으로는 최선의 결과를 이끌어낼 수 없다고 생각한다. 편리함을 얻는 대신, 우리가 전달하려는 메시지의 가장 강력한 측면, 즉 감정을 잃어버리기 십상이기 때문이다.

이 책을 쓰는 기간 동안, 나는 수첩에다가 (이 얼마나 구식인가!) 매일같이 나누는 대화의 횟수를 기록해 보았다. 이 작업에 착수하기 전만 해도 나는 하루에 세 번에서 네 번 정도는 대화를 한다고 생각했다. 하지만 실제로 나눈 대화 횟수를 주의 깊게 기록해 보니 하루에 한두 번 정도 대화하는 날이 대부분이었고, 대화를 전혀 하지 않는 날도 있었다. 내가 대화 횟수를 높게 추측한 건, 사람들과 온종일 의사소통을 하고 있었기 때문이다. 하지만 내가 그들과 실제로 대화를 나눈 적은 거의 없다.

비록 과학자는 아니지만 나는 개인적인 인간관계가 대화 기술에 의해 어떤 영향을 받는지 과학적으로 관찰할 수는 있다. 사실 문자나 이메일 대신 사람과 마주보고 대화를 나눈 횟수를 추적할 수만 있다면 누구라도 이런 관찰이 가능할 것이다. 또 우리는 식료품점에서 줄을 서거나 점심 식사를 하면서 잡담을 나누는 동안 상대와 공감하고 진정한 유대를 맺는 우리의 능력을 더 많이 인식할 수도 있다.

당연한 말이지만 우리는 이론보다는 경험을 통해 자기 자신에 대해 더 많은 것을 배우게 된다. 따라서 일단 이 책을 다 읽은 후에는 밖으로 나가 대화를 나누어야 한다. 자전거에 대한 책을 읽는 것만으로는 자전거 타는 법을 배울 수 없다. 자전거 타기는 능동적인 활동인 만큼 연습을 필요로 한다. 이는 대화에 대해서도 마찬가지다. 대화에 대해 생각하는 것만으로는 충분치 않다.

말센스 14

말재주와 말센스는 다르다

"

말을 잘하고 싶은가?
그렇다면 말하고 싶은 욕구을
참는 것부터 배워야 한다.
우리가 알고 있는 소통의 달인들은
의외로 말솜씨가 유창하지 않는 경우가 많다.
그들의 말은 절제돼 있고,
과도한 제스처도 사용하지 않으며,
오히려 들어주는 것에 능숙하다.

"

• • •

나는 내 테드 강연을 보거나 들은 사람들에게 종종 질문을 받는다. 그들이 하는 질문은 십중팔구 다른 사람들의 끔찍한 대화 기술에 대처하는 법과 관련되어 있다. 그들은 이렇게 묻는다.

"상대가 말을 그치지 않고 계속하면 어떻게 하죠?"

"상대가 지루한 말을 늘어놓거나 했던 말을 계속 반복할 때는 어떻게 하죠?"

"상대가 아무 말도 안 할 때는 어떻게 하죠?"

하지만 다음과 같은 질문은 거의 들어보지 못했다.

"저는 항상 다른 사람의 말에 끼어듭니다. 이런 습관을 고치려면 어떻게 해야 하나요?"

"저는 상대가 말을 할 때 지루해하곤 합니다. 이런 태도를 바꿀 수 있을까요?"

우리는 질 나쁜 대화를 다른 사람 탓으로 돌리곤 한다. 처음 만난 날 어색해서 참기 힘들었다면 상대가 너무 말재주가 없었기 때문이고, 저녁 밥상에서 대판 싸웠다면 상대가 멍청한 무뢰한이기 때문이다.

대부분의 사람들은 자신이 대화에 꽤 능숙하다고 생각

한다. 이 책을 읽고 있는 당신이라면 아마도 자기 자신의 대화 기술에도 개선할 여지가 있다는 점을 알아차렸겠지만, 그럼에도 여전히 자신의 대화 능력이 평균은 넘는다고 생각하고 있을 것이다. 충분히 이해한다. 나 역시 그렇게 생각한 적이 있었다. 나 또한 엄청난 실수를 몇 차례 겪고 난 뒤에야 대화와 관련해 도움을 좀 받아야 한다는 사실을 받아들일 수 있게 되었다.

가장 기억에 남는 실수 중 하나는 직장에서 일어났다. 나는 견딜 수 없게 된 동료에 대해 이야기를 하려고 내 상사와 미팅 일정을 잡아놓은 상태였다. 나는 동료의 행동이 단순히 짜증나는 수준을 넘어 학대에 가깝게 변질되어버렸다는 점을 어떻게든 설명해야 했는데, 결코 쉽지 않으리란 점을 잘 알고 있었다. 누군가가 당신 물건을 훔치거나, 당신을 건드리거나, 좋지 않은 단어로 공격한다면 그냥 그것을 지적하면 된다. 하지만 행동에 배어 있는 미묘한 태도에 대해 지적하는 건 건 훨씬 어려운 일이다.

그래서 나는 세심하게 준비를 했다. 나는 직장에서 어려운 대화를 나누는 법에 관한 글들을 찾아 읽었고, 심지어는 남편과 함께 리허설까지 했다.

남편 : 그 녀석이 악의가 없었다고 말한다면 당신은 뭐라고 답할래?

나 : 몇 차례 일어난 일이 아니라 오래도록 계속된 행동 패턴이라고 말할 거야.

남편 : 그냥 장난하는 거라고 말하면?

나 : 부적절한 농담을 계속 던지는 건 조금도 우습지 않고, '털어버리라'고 말하는 것만으로 해결될 문제가 아니라고 답할 거야.

두말할 필요도 없이 나는 상사의 사무실로 걸어 들어가면서 준비가 되었다는 느낌을 받았다. 불안하긴 했지만 나름대로 자신감도 있었다. 숙제를 마쳤기 때문이다. 나는 메모도 해두었고 사례 연구도 충분히 한 상태였다. 모든 것이 완비되어 있었다.

하지만 현실은 그렇지가 못했다. 상사와 마주앉았을 때 나는 손바닥에서 땀이 나는 것을 느꼈다. 운동할 때조차 안 나는 땀인데 말이다. 나는 리허설한 대로 상황을 설명했지만 내 상사는 기대한 대로 반응해오지 않았다. 나는 순식간에 방향감각을 잃어버렸다. 대답을 떠올리기 위해 분투하는 동안 그는 내 심리 상태에 대해 질문을 던지기 시작했다.

"자네 피곤한가?"

"스트레스가 심한가?"

"당황스러운가?"

나는 완전히 무방비 상태가 되었다.

"예, 스트레스가 좀 심해요."

"아니요. 잠을 잘 못 자요."

나는 공들여 계획한 대화 내용으로 방향을 틀어보려고 노력했지만 모두가 허사였다. 내 상사는 순식간에 대화 전체를 내 기분과 업무 습관에 관한 이야기로 뒤바꿔놓았다. 나는 수세에 몰렸다. 나는 직장에 적응하도록 도와줄 코치와 만나보기로 약속한 후 사무실 밖으로 걸어나왔다. 상사는 나와 갈등을 겪은 동료와 이야기조차 해보려 하지 않았다.

아무것도 해결된 것이 없었다. 그는 내 이야기를 듣지 않았고 나도 준비해 놓은 각본에만 신경 쓰느라 그의 말을 귀담아 듣지 않았다. 나는 목적 달성에 실패했을 뿐만 아니라 풀어보려던 문제를 악화시키기까지 했다. 나는 더 좌절했고, 더 많은 스트레스를 받았으며, 의지할 곳마저 잃어버렸다. 똑같은 문제 때문에 상사를 두 번 찾아갈 수는 없는 노릇이기 때문이다.

몇 달 후, 나는 그 직장을 떠났다. 직장을 나온 데는 분명 다른 이유들도 있었지만, 상사와 나눈 그 대화와 풀리기는커녕 악화되기만 한 문제들이 퇴사를 결심하게 만든 주된 원인이었다.

참담했던 그 대화가 내게 그토록 깊은 영향을 미친 가장 큰 이유는, 나 스스로 대화를 장악할 수 있다고 굳게 믿었기 때문이다. 당시 나는 완전히 준비된 상태였고, 구체적인 목적을 달성하길 기대하고 있었다. 게다가 나는 말하기 분야의 전문가였다. 객관적인 척도로 평가했을 때, 나는 대다수의 사람들보다 대화에 능했다. 나는 약 12년에 걸쳐 라디오 리포터와 앵커로 활동한 경력이 있었고, 최고의 인터뷰 코치들과 함께 연구하기도 했으며, 명망 있는 학술 단체에도 참여했고, 대화와 관련된 책들도 무수히 읽었다. 나는 대화라는 주제를 놓고 전문가들과 인터뷰를 한 적도 있고, 수년에 걸쳐 인간의 대화를 연구한 사람들과 이야기를 나누기도 했다. 따라서 나는 마땅히 대부분의 사람들보다 의사소통에 능해야만 했다. 하지만 실제로는 그렇지 못했다.

그날은 내 두 눈이 번쩍 뜨인 날이었다. 저널리즘 분야에서 경력을 쌓는 동안 나는 대화 능력이 떨어지는 사람들에 관해 읽은 적이 있다. 당시만 해도 내가 그들 중 한 명일 것이라고는 생각도 못했다. 나는 워크숍에 참석해 강연을 듣다가 인터뷰 진행 도중 게스트에게 주도권을 빼앗기고만 가련한 리포터들의 이야기를 듣고는 주제넘게 웃음을 터뜨리기까지 했다. 내 자신도 그런 일을 당할 수 있다는 걸 꿈에도 생각지 못했다. 나는 내가 그런 일을 당하고서야 겨우 현실을 깨달은 것이다.

많은 사람들이 대화를 쉽게 생각하지만 훌륭한 대화는 저절로 이루어지는 것이 아니다. 우리 대부분이 두세 살 때부터 단어들을 연결하면서 대화 훈련을 거듭해 왔다는 것은 사실이다. 하지만 문제는 우리가 그 기나긴 기간 동안 잘못된 것을 훈련하는 데 시간을 허비해왔다는 것이다. 우리는 똑같은 실수들을 전 생애에 걸쳐 반복해 왔다.

안타깝게도 이 문제를 인식하는 사람은 거의 없다. 사실 우리는 자신의 대화 능력을, 우리가 직장에 있든 학교에 있든 아니면 집에 있든, 실제보다 훨씬 더 높게 평가하는 경향이 있다. 축적된 데이터 역시 이 사실을 뒷받침해준다. 수많은 연구 결과들은 자신의 의사소통 기술에 대한 우리의 인식이 별로 정확하지 못하다는 점을 보여줘 왔다. 사회심리학자이자 코넬대학교 교수인 데이비드 더닝은 10년 이상에 걸친 연구 끝에 이렇게 말했다.

"사람들은 자신들의 사회적 능력과 지적 능력에 대해 과도하게 우호적인 관점을 취하는 경향이 있다."

또 다른 연구자는 머리가 좋은 사람들이 의사소통에 무능한 경우가 많다는 점도 보여주었다. 사실 지적이면 지적일수록 의사소통 능력은 그만큼 더 떨어지기 쉽다. 나는 나 자신이 나름 똑똑하다고 생각한다(이 정도는 말해도 괜찮을 듯하다. 나보다 훨씬 똑똑한 사람들과 대화를 나누는 것이 내 일상 업무이기 때문이다. 천체 물리학자나 신경과학자, 퓰리처상을 수상한 소설가들과 정기적으로 인터뷰를 하려면 지적 능력이 어느 정도는 돼야 한다). 또한 나는 소위 '창의적'이라 불리는 기질도 소유하고 있다. 나는 음악 관련 학위가 있는 전문적 오페라 가수다. 나는 항상 '똑똑하고 창의적인 것'이 '의사소통 능력이 뛰어난 것'과 연관된다고 생각해 왔다. 더 구체적으로 설명하자면, 내가 그렇게 생각하게 된 이유는 내 발음이 또렷했기 때문이다. 나는 대화할 때 말 하나는 시원하게 잘했다. 하지만 이런 능력은 의사소통 능력과는 전혀 무관하다. 말을 잘한다고 상대의 말을 더 잘 듣는 건 아니며, 똑똑한 사람들이 상대의 말에 귀 기울이는 것에는 훨씬 더 형편없다.

또 높은 수준의 교육을 받은 사람들은 논리에 엄청난 가치를 부여하면서 감정의 중요성은 무시해버리는 경향이 있다. 물론 감정에 호소하는 주장만 해서는 논쟁에서 이길 수 없는 것이 사실이지만, 대화는 논쟁이 아니다. 인간은 선천적으로 비논리적이고 감정적인 존재이다. 대화에서 감정을 제거하거나 제거하려고 시도한다면, 대화에 담긴 엄청난 의미를 잃어버리게 될 것이다.

예를 들어 우리는 가끔씩 감정적 반응에 대응하기 위해 사실을 동원하곤 한다. 친구가 임박한 이혼에 대해 이야기를 늘어놓기 시작하면, 우리는 다음과 같은 말로 그 친구를 위로한다.

"나쁘게 볼 것 없어. 결혼한 부부 중 절반 정도는 결국 이혼한다고 하잖아."

"걱정 마. 어떤 심리학자는 이혼이 자녀와 건강한 관계를 지속할 기회를 증대시켜줄 수도 있다고 말했어."

이 말들은 모두 사실이지만, 그런 언급은 정서적 지지를 필요로 하는 친구에게는 전혀 도움이 안 된다. 대화는 대학 강의나 테드 강연 같은 것이 아니다. 힘들어하는 친구의 말을 들어주는 것이 아무리 어색하게 느껴진다 하더라도, 논리로 도피하는 것은 올바른 반응이라 할 수 없다.

자신의 고통을 토로하는 사람에게 상투적으로 제공되는 위로의 말들을 떠올려보라.

"기회는 얼마든지 있다."

이런 말이 비록 사실일지는 모르지만, 나는 그런 말이 막 해고당한 사람에게 도움이 될 것이라고 생각하지 않는다.

"그 일은 처음부터 너에게 안 맞았어."

"운다고 해결될 문제가 아니야."

"사람들이 쳐다보잖아."

이런 말 역시 위로와는 거리가 멀다. 논리를 통해 감정적인 문제에 접근하려는 전략은 실패하기 마련인 것이다. 논리는 감정을 무력화시키고자 시도하지만, 감정은 약점이 아니고, 무용한 것도 아니다. 인간은 사회적 동물인 만큼, 우리의 감정은 유용한 동시에 중요하기도 하다. 대화 당사자들이 IQ와 EQ를 모두 사용할 때만, 비로소 훌륭한 대화가 이루어질 수 있다.

또 논리를 동반한 지성은 훌륭한 대화를 방해하기도 한다. 지성이 높은 것으로 간주되는 사람들은 스스로를 다른 사람들보다 더 명민하고 사리에 밝은 것으로 간주하기 때문에 자신보다 지적 능력이 떨어진다고 생각하는 사람들과 대화하게 되었을 때, 자신이 무언가를 이해하지 못한다는 사실을 인정하려 들지 않는다. 그들은 상대의 말을 이해하지 못했다는 사실을 인정하는 것이, 자신이 생각만큼 똑똑하지 못하다는 사실을 인정해야 하는 것으로 느껴지는 것이다.

그래서 나는 대화 과정에서 발생한 문제점들에 대해 상대와 터놓고 얘기할 것을 권한다. 대화를 하다가 무언가 빗나가고 있다는 것을 느끼면, 상대에게 피드백을 요청해보라. 당신이 기대한 대로 대화가 진행되지 않았다는 점을 상대에게 알린 뒤, 자신이 잘못 이해한 것은 없는지, 요점을 제대로 파악하지 못한 것은 아닌지 솔직하게 물어보는 것이다.

그런 뒤 상대가 하는 말에 귀를 기울여라. 기분 나빠하지 말고 상대가 하는 말을 잘 들어보라. 아마도 처음에는 형제자매나 친구처럼 친한 사람에게 물어보는 것이 좋을 것이다. 건설적인 비판을 귀담아 듣는 것은 결코 쉬운 일이 아니지만, 대화 능력을 향상시키고자 한다면 개선이 필요한 측면들을 정직하게 검토해보는 것이 필수적이다.

일단 나의 대화 기술에 문제가 있다는 점을 인정하고 나자 잘못된 점들이 눈에 들어오기 시작했다. 나는 라디오 스튜디오에서 사람들에게 말을 하고 난 뒤, 실수했거나 개선의 여지가 있는 부분이 어디인지 피드백을 받았다. 당연한 말이지만, 나는 대화 기술이 향상됨에 따라 스튜디오의 안과 밖에서 이루어지는 의사소통의 질 역시 향상되는 것을 느낄 수 있었다. 내가 상대의 말에 귀를 기울이자 수줍어하던 사람들이 더 많이 말을 걸어왔고, 대화에 더 집중하는 모습을 보이자 말 많던 사람들이 장황하게 말하는 것을 자제하기 시작했다.

삶에서와 마찬가지로 대화에서도 당신은 다른 사람의 말과 행동을 통제할 수 없다. 당신이 통제할 수 있는 건 오직 당신 자신뿐이다. 하지만 때로는 그것만으로도 충분하다.

라디오에 출연했던 게스트들 가운데 내가 가장 좋아하는 사람은 소설가인 살만 루슈디이다. 나는 20년에 걸친 방송 활동 동안 만난 다른 어떤 사람보다 그를 더 자주 인터뷰해 왔다. 내가 그를 좋아하는 이유는, 내 질문에 진심으로 귀를 기울인 뒤 신중하게 답변을 해주었기 때문이다. 그는 가끔씩 대답을 하기 전에 한동안 생각에 잠기기까지 한다. 그런 태도를 취하는 건 결코 쉬운 일이 아니다. 많은 사람들이 "논란거리"로 무장하고 달려드는 방송 영역에서는 특히나 더 그렇다. 루슈디와의 인터뷰를 통해 나는 스스로에게 이렇게 물어보았다.

'나도 루슈디처럼 함께 대화하기에 즐거운 사람이 될 수 있을까? 나는 다른 사람들의 말에 귀 기울여 듣고 반응하는가? 아니면 미리 준비해 둔 근사한 말만 하려고 상대의 말이 끝나기만을 기다리는 것인가?'

루슈디와 세 번째로 인터뷰를 나눈 후부터, 나는 그의 말에 주의 깊게 귀를 기울인 후 반응하는 횟수가 얼마나 되는지 기록하기 시작했다. 나는 내가 그의 말에 진심으로 귀를 기울이지 않았다는 사실을 깨달았는데, 이는 내가 그와 진정으로 대화를 나누고 있지 않다는 것을 뜻했다. 나는 그가 무슨 답을 하든 상관없이 미리 준비된 질문들만 툭툭 던지고 있었던 것이다.

의사소통과 관련된 우리의 약점들을 못 본 체하기는 쉽다. 우리는 자신의 실수를 옹호하거나 변명하며, 때로는 자신의 약점을 강점으로 재구성하기까지 한다. 예를 들어 오랫동안 친구에게 연락하지 못한 것을 이렇게 변명한다.

'그 친구도 바쁘게 지낼 거야.'

또 오랜만에 만난 친구와 형식적인 대화를 나눈 후 이

렇게 생각한다.

'너무 심각한 질문은 우리 둘 모두를 피곤하게 만들고 말 거야.'

또 당신의 사무실에서도 마찬가지다. 당신이 사무실에서 동료들과 관계 맺는 것을 꺼려한다고 해보자. 당신은 스스로에게 이렇게 말할 것이다.

'일에 너무 집중하느라 시간 낼 틈이 없었어.'

'동료들이 일하는 것을 방해해서는 안 되지.'

생각은 그렇게 합리화를 하고 있지만, 사실 당신은 옆자리 동료에게 아무런 관심도 없는 것인지 모른다.

우리에게는 자신이 취하는 거의 모든 행동을 정당화하는 놀라운 능력이 있다. 패턴 리서치 센터의 경영자이자 의사소통 전문가인 팻 와그너는 이런 정당화를 '고결한 결점'이라고 부른다.

와그너는 우리가 자신의 대인관계 기술이 얼마나 형편없는지, 그리고 그런 미숙함이 다른 사람에게 어떤 영향을 미치는지 자주 잊어버린다고 말한다. 실제로 우리는 말하는 데 끼어드는 자신의 성향이 회의에서 다른 사람들의 의견 개진을 방해한다는 사실을 알지 못하며, 세부적인 사항들을 소홀히 하는 자신의 태도가 다른 사람들을 불안하게 만든다는 사실도 제대로 인식하지 못한다.

그렇다면 어떻게 해야 할까? 다음은 내가 이런 문제들을 극복하기 위해 활용한 훈련법이다(이 방법은 와그너가 자신의 워크숍에서 보여준 훈련을 토대로 했다).

나는 먼저 대화를 할 때 내 기분을 상하게 하는 사람들의 행동을 목록으로 만들었다. 다음과 같은 식이다.

'한 말을 반복한다'

'장황하게 설명한다'

'말하는 데 끼어든다'

그런 뒤 그 목록을 친구와 동료들에게 보여주면서 나에게 해당되는 항목이 몇 개나 되는지, 내가 그런 행동을 하는 빈도는 얼마나 되는지 알려 달라고 부탁했다.

나는 대화 기술을 향상시키기 위해 이런 훈련을 하는 것이니 만큼 되도록 정직하게 대답해달라고 요청했고, 답변 때문에 기분 상하는 일은 없을 것이라고 미리 당부해 두었다. 이 훈련은 위험한 모험처럼 느껴졌지만 나를 일깨워주는 것이 아주 많았다.

물론 대화 상황에서 알아야 할 모든 것을 아는 건 불가능하다. 각각의 대화는 그 대화 상황에 고유한 측면이 있기 때문이다. 그래서 작가인 조슈아 위베강도 "의사소통의 기술은 정보 전달의 기술이 아니다"라고 말한 바 있다. 당신은 대화와 관련된 기술들을 주기율표에 있는 원소 번호처럼 외울 수 없다. 하지만 그럼에도 우리 대부분은 그런 식으로 대화에 접근한다.

대화를 개선하는 법에 관한 조언을 구할 때 당신은 종종 어느 상황에나 광범위하게 적용되는 규칙들과 마주하게 될 것이다. 어쩌면 그런 전략들을 당신은 이미 어느 정도 알고 있을지도 모른다. 예를 들면 이런 것들이다.

"상대와 눈을 마주쳐라."

"흥미로운 주제들을 준비하라."

"들은 내용을 되풀이해 호응하라."

"미소를 짓고 고개를 끄덕여라."

"가끔씩 '아', '그렇군' 같은 감탄사로 장단을 맞춰라."

하지만 내 조언은 한마디로 "그렇게 하지 마라!"이다. 나는 그런 전략들에 크게 신경 쓰지 않는다. 전문가들이 좋은 전략이라고 말한 것들이 실제 현실에서는 잘못된 것으로 드러나는 경우가 너무 많기 때문이다. 그렇다면 왜 '나의 조언'에는 주의를 기울이라고 하는가? 왜냐하면 내가 매일같이 방송을 진행하는 스튜디오는 일종의 대화 실험실 같은 역할을 하기 때문이다. 화학자가 질산, 아세톤,

염소 같은 화학물질들을 가지고 실험을 하듯, 나는 매주 수많은 사람들과 함께 앉아 여러 유형의 대화들을 가지고 실험을 거듭한다. 그 사람들 가운데 대다수는 내게 낯선 사람들로 국적도 매우 다양하고 출신 성분도 제각각이다. 나는 상원의원, 영화배우, 목수, 트럭 운전사, 백만장자, 유치원 교사 등 온갖 종류의 사람들과 대화를 나눠봤다. 그들 중 일부는 매우 감정적이고, 다른 일부는 엄청나게 차분하다. 내 스튜디오는 대화 기술들을 테스트하기에 더없이 적합한 장소다.

"듣고 있다는 것을 나타내기 위해 고개를 끄덕이며 '아'라고 말하라"와 같은 조언들을 접하면, 나는 그 전략을 스튜디오(실험실)로 가지고 가서 직접 시험해 볼 수 있다. 나는 수많은 사람들 앞에서 고개를 끄덕이며 "아"라고 말한 뒤 그들의 반응을 점검해볼 수 있다. 그렇다면 이 전략은 효과가 있었는가? 아니. 별로 그렇지 못했다.

내 경험에 의하면, 의도적으로 머리를 끄덕이는 것은 진실되지 못한 것이며, 그러한 느낌은 상대에게까지 고스란히 전달된다. 반대로 의도하지 않은 상태에서 무의식적으로 자연스럽게 머리를 끄덕이면, 상대 역시 긍정적으로 반응해 온다. '듣고 있다는 것을 알리려면 머리를 끄덕여야 해'라고 생각하면서 계획적으로 행동하면, 고개를 끄덕이며 듣는 체하는 행동을 의식적으로 생각하느라 대화 자체에 충분히 주의를 기울이지 못할 것이다. 인위적인 끄덕거림을 진짜처럼 보이게 만들 수 있는 건 오직 전문적인 배우들뿐이다.

"상대와 시선을 접촉하라"는 전략 역시 도움이 안 되긴 마찬가지다. 내가 면접을 볼 때 이 기법을 사용하자, 인사담당자는 내게 "커피를 너무 많이 마신 것 아니냐?"고 진지하게 물어왔다. 그녀는 걱정 섞인 미소를 지으며 "너무 예민해 보이는 군요"라고 말했다. 역효과만 생긴 것이다.

일반적으로 통용되는 거의 모든 대화 기법을 시험해 본 이후 (대부분의 기법이 인위적이거나 부자연스럽게 느껴진다는 것을 발견한 이후), 나는 훌륭한 대화의 조건과 관련된 내 가정들에 의문을 제기하기 시작했다. 나는 일생에 걸쳐 배워온 지식들 가운에 상당수가 잘못된 것일지 모른다고 생각했다. 그동안 외우고 익힌 대화 전략들은 생각만큼 도움이 되지 않았던 것이다. 나는 수년에 걸쳐 습득한 지식들을 모두 벗어던진 채 원점부터 다시 시작해야 했다. 대화에 관한 한, 나는 생각만큼 똑똑한 사람이 아니었다.

말센스 15

'옳음'보다는 '친절함'을 선택한다

"

일상적인 대화의 목적은

옳은 것을 찾아내는 것이 아니다.

모두에게 옳은 것은 없다.

나이와 연령과 성별과 국적과

인종에 따라 옳은 것의 기준은 다양하다.

어떤 사람과 진정한 대화를 나누고 싶다면

옳은 것을 찾기보다는 친절함을 베풀어야 한다.

"

• • •

나는 디트로이트에 있는 WDET 방송국에서 〈프런트 로 센터Front Row Center〉라는 쇼를 진행한 적이 있다. 이 쇼는 디트로이트시의 예술과 문화를 주제로 일주일에 한 번씩 방영되는 프로그램이었다. 내가 '문화'라는 표현을 썼다고 해서 미술관이나 극장 같은 것만 떠올리지 말기 바란다. 이 프로그램에서 나는 남극 탐험에 관한 책들도 다루었고, 신호등의 역사와 무질서한 도시 확산의 위험성, 신개념 자동차 디자인 등에 대해서도 보도한 바 있다.

한번은 환경운동과 인종에 관한 토론을 진행하기 위해 패널을 모집한 적이 있다. 미국 내에서 유색인종이 차지하는 비율은 약 40% 정도 되지만, 환경운동 집단 내에서는 그 비율이 12~15% 정도밖에 안 된다. 나는 그 이유가 궁금했다. 이 문제와 관련된 대화를 나누기 위해 나는 건설회사 CEO(백인 남성)와 환경운동 집단의 대표(백인 여성)를 한 명씩 초청했고, 지역사회조직의 리더로 활동하는 흑인 여성도 한 명 초대했다. 이 흑인 여성은 유색인종 근로자를 더 많이 채용하려면 어떻게 해야 하는지 잘 알고 있는 사람이었다.

우리에게 주어진 토론 시간은 총 20분 정도 되었다. 나는 먼저 건설사 사장에게 인종의 다양성에 관해 질문을 던지는 것으로 시작해, 회사에서 일하는 흑인의 수가 얼마나 되는지 물어보았다. 그런 뒤 나는 여성 환경운동가에게 그녀의 집단 내에서 흑인이 차지하는 비율이 건설회사와 비슷한지 물어보았다. 그녀가 답변을 하는 동안 세 번째 게스트는 머리에 쓰고 있던 헤드폰을 벗어 탁자 위에 내던지더니, 발끈하고 성을 내면서 스튜디오 밖으로 나가버렸다. 내면에 좌절감이 일어났다는 것을 느낄 수 있는 그런 종류의 분노였다.

인터뷰는 생방송이 아니었기 때문에 나에게는 두 개의 선택지가 놓여 있었다. 하나는, 스튜디오에 있는 사람들에게 양해를 구한 뒤 흑인 여성을 따라 나가 왜 화가 났는지 물어보는 것이고, 다른 하나는 그 여성을 가게 내버려 둔 뒤 그녀 없이 대화를 계속 진행하는 것이다. 나는 두 번째를 택했다.

방송 도중 걸어 나간 그 여성은 내 상사에게 편지를 보내, 내가 인종주의자이기 때문에 자신에게 말할 기회를 주지 않은 것이라고 주장했다. 내 상사는 인터뷰가 시작된 지 90초밖에 안 된 상태였고, 진행자 자신이 혼혈인만큼 흑인에 대한 편견도 없을 것이라고 답했다. 하지만 나의 양심은 여전히 찜찜함을 지울 수 없었다. 소수인종의 참정권을 주제로 토론을 진행하던 도중, 스튜디오에 있던 유일한 소수인종(유색인종 여성)이 무시당한 느낌을 받았기 때문이다.

이 순간을 생각하면 아직까지도 마음이 불편해진다. 아무리 생각해도 내가 기회를 놓친 것만 같다. 어쩌면 그녀에게 먼저 질문을 던지는 것이 옳은 일이었는지도 모른다. 그리고 어쩌면 내가 그녀를 따라 나갔어야 했는지도 모른다. 나는 이 여성이 스튜디오에서 걸어 나간 이후로 다시는 그녀를 보지 못했는데, 이 점이 정말로 가슴 아프다.

나는 방송인으로 일하는 동안 수천 번에 달하는 인터뷰와 수천 건에 달하는 토론을 진행해 봤지만, 출연자가 나를 인종주의자라 비난하며 나가버리는 식으로 방송이 끝난 경우는 극소수에 불과하다. 하지만 그럼에도 마음에 남아 나를 괴롭히는 건 그런 실패 경험들이다. 사실 우리 대부분이 그렇지 않은가? 우리는 성공한 대화보다는 실패한 대화를 곱씹으면서, 오고간 대화 내용을 검토하고 어떻게 하면 상황이 달라졌을지 고민하지 않는가?

나는 이 실패 경험을 수년 후 지나서야 이해하게 되었

다. 당시 한 교수가 인터뷰가 짧다는 이유로 분통을 터뜨린 상황이 발생한 것이다. 그는 15분 동안 대화할 내용을 준비한 상태로 스튜디오를 찾았지만, 5분 만에 인터뷰가 끝나버리자 내게 버럭 화를 냈다. 내 프로듀서 중 한 명은 그의 행동을 조롱했다.

"저 사람은 뉴스가 어떻게 진행되는지도 모르나 봐."

나는 그 교수의 입장에서 생각해보려고 노력했다. 나는 오랜 시간 동안 인터뷰를 준비하면서, 메모를 하고, 사실들을 점검하는 그의 모습을 떠올려보았다. 어쩌면 그는 자신의 아내나 동료들과 인터뷰 연습을 했는지도 모른다. 그는 아마도 인터뷰 당일 일찍 일어나서 세심하게 옷을 차려입고 인터뷰 내용을 점검했을 것이다. 인터뷰가 어떻게 진행될지 상상하면서 무슨 말을 할지 준비해두었을 것이다. 그런데 인터뷰가 너무 빨리 끝나 그토록 정성들여 준비한 중요한 내용들을 다 말할 수 없게 되자 화가 났을 것이다.

결국 그가 분통을 터뜨린 건, '특정한 기대를 품고 있었는데 그 기대를 충족시키지 못했기 때문'이었다. 아마 패널로 참석한 그 흑인 여성이 화를 낸 것도 바로 이런 이유 때문일 것이다. 큰 기대를 품고 대화를 기다려 왔는데, 생각한 대로 인터뷰가 진행되지 않자 즉시 실망하는 감정이 생기고 만 것이다.

사람들은 자신의 기대가 충족되지 않을 때 속상해하곤 한다. 이건 당연한 일이다. 처음에는 그런 상황을 완화시키려면 어떻게 해야 하는지 알지 못했다. 어쨌든 다른 사람이 기대를 품는 것에 대해 내가 원천적으로 막을 수는 없는 일 아닌가. 나는 다른 사람의 기대가 무엇인지 알지 못했고, 설령 알았다 하더라도 생방송 라디오 쇼에서 그 기대를 전부 충족시켜줄 수는 없었을 것이다.

그러던 어느 날 아침, 한 젊은 여성이 자신의 첫 번째 인터뷰를 위해 내 스튜디오로 걸어 들어왔다. 그녀는 마이크 앞에 앉더니 손으로 허벅지를 위아래로 문지르면서 가지고 나온 물병을 계속해서 조금씩 홀짝 거렸다. 내가 물었다.

"조금 초조해 보이세요."

"네, 꽤 불안하네요."

"두려워하실 것 없어요. 그냥 저를 바라보면서 앞에 마이크가 있다는 사실을 잊어버리려고 해보세요. 그러면 저와 친구처럼 대화하실 수 있을 겁니다."

"혹시 제게 앞으로 일어날 일들을 알려주실 수 있나요? 인터뷰가 어떤 식으로 진행되는지 그냥 차례대로 말씀해

주시면 돼요. 무슨 일이 일어날지 알면 마음이 좀 놓이거든요."

정말 그랬다. 무슨 일이 일어날지 아는 것만으로도 그녀는 더 편안하고 느긋한 태도를 취할 수 있었다. 내가 그녀의 기대를 바꿀 필요는 없었는데, 왜냐하면 일단 내가 필요한 정보를 제공해주면 그 정보에 맞게 그녀 스스로 자신의 기대를 바꿨기 때문이다. 나는 그녀에게 앞으로 일어날 일들에 관한 정보를 제공해주었고, 그녀는 거기에 맞게 자신의 기대를 조율했다. 덕분에 우리는 환상적인 인터뷰를 진행할 수 있었다.

잠시 당신이 가장 좋아하는 의사를 떠올려보기 바란다. 그의 어떤 행동이 당신을 편안하게 하는가? 그 의사가 앞으로 일어날 일들에 대해 말해줄 때 편안하지 않았던가?

"엑스레이를 찍어서 뼈가 부러지진 않았는지 확인해 봐야겠네요."

"약간 따끔거릴 겁니다."

"골절이 생긴 게 아니라면 아마도 근육이 늘어난 것일 겁니다. 그럴 땐 그 부위를 싸매야 하지요."

의사가 앞으로 일어날 일들에 대해 미리 얘기를 해줄 때 환자는 안심을 하게 된다. 그런데 그렇게 환자를 대해주는 의사는 생각보다 많지 않다.

“앞으로 무슨 일이 일어날지, 어떻게 대처하는 것이 좋은지 있는 그대로 솔직하게 설명하라”

이것은 내가 저널리스트 생활을 하면서 배운 가장 값진 교훈 중 하나이다. 게스트가 자리에 앉으면 나는 이렇게 말해준다.

“제가 짧은 인트로를 읽은 뒤 당신을 소개할 겁니다. 대화에 할당된 시간은 약 12분 정도이고, 순식간에 지나갈 테니, 되도록이면 간단명료하게 답변해주세요. 제가 당신을 향해 고개를 끄덕이거나 손가락을 올리는 건, 세그먼트를 끝낼 시간이라는 뜻이니, 하시던 말을 정리해주시면 됩니다.”

몇 안 되는 이 문장만으로도, 무슨 일이 일어날지 몰라 불안에 떠는 게스트를, 상황을 완전히 파악한 채 차분히 대화에 임하는 게스트로 바꿔놓기에 충분하다.

나는 이 전략이 스튜디오 밖에서조차 더 나은 대화를 위한 기반이 된다는 사실을 발견했다. 예를 들어 최근 직장에서 한 직원을 징계해야 했을 때, 나는 즉시 미팅의 목적부터 말해주었다.

“제가 당신을 부른 건 공식적으로 질책을 하기 위해서

입니다. 당신이 해고되는 일은 없겠지만, 문제가 좀 심각해요. 일단 당신이 저와 회사에 얼마나 가치 있는 존재인지 말하는 것부터 시작하도록 하겠습니다. 제 목적은 당신이 성공하도록 돕는 거예요. 당신의 발전을 방해하는 문제들을 인식하도록 도와주려는 것이지요."

몇 달 후, 그는 회사의 요청에 맞게 자신의 태도를 교정했고, 심지어는 임금 인상까지 이끌어냈다.

아들을 꾸짖을 때도 나는 장황한 서론을 늘어놓거나, "엄마가 아침에 뭘 하라고 했지?"처럼 공격적인 질문을 던지지 않으려고 노력한다. 나는 단순히 이렇게 말한다.

"엄마가 쓰레기 내다버리라고 한 거 또 잊어버렸지? 학교 가기 전에 내다버려라."

그러면 내 아들은 자리에서 일어나 쓰레기를 내다버린 뒤, 다시는 잊어버리지 않겠다고 약속한다. 그는 정말로 그렇게 한다.

물론 다른 누군가에게 당신이 기대하는 바를 말하려면, 먼저 자신이 무엇을 원하는지 알아야 한다. 이 전략은 대화의 목적을 미리 생각한 뒤, 당신이 바라는 바를 상대에게 말하도록 요구한다. 친구에게 속내를 털어놓을 때, 당신은 단순히 기대어 울 어깨를 찾는 것인가, 아니면 조언을 구하는 것인가? 특정한 불만 사항 때문에 배우자에게 짜증이 났을 때, 당신은 단지 자신의 좌절감을 표현하려는 것인가, 아니면 불만이 반복되지 않도록 대화를 나누려는 것인가? 당신이 원하는 바를 상대에게 말해라. 그래야 상대도 당신의 의도를 알고 정확하게 대응할 수 있다.

잠시 자신의 기대 사항에 대해 생각을 한 뒤 그 생각을 대화 상대와 나누는 태도는, 생산적인 대화를 위한 무대를 마련해준다. 그것은 마치 사야 할 물품의 목록을 가지고 식료품점에 들어가는 것과도 같다. 그렇게 하면 복도를 돌아다니며 헤맬 필요 없이 필요한 물품만 사서 바로 나올 수 있다.

자신의 기대를 분명하게 밝히는 것은 효과적인 대화의 무대를 마련하는 가장 간단한 방법들 중 하나다. 하지만 대화 상황을 생산적이고 비옥하게 만드는 데는 그 외 다른 방법도 있다. 그중 하나는 중요한 논의를 시작하기 전에 자신의 느낌이 어떤지 살펴보는 것이다.

앞서 나는 의도적으로 고개를 끄덕이거나 의식적으로 시선 접촉을 유지하는 것 같은 몸짓언어 기술들을 폄하한 바 있다. 나는 실제로 몸짓언어에 초점을 맞춘 조언들 대부분이 쓸모없고 비생산적인 것으로 생각한다. 하지만 자연스럽게 표출되는 동작과 어조는 종종 우리의 진정한 느낌을 드러내주기도 한다. 상대의 말에 진정으로 동의할 때는 "아" 하는 탄성과 함께 손바닥을 마주쳐서 그 말에 공감한다는 표시를 하는 것도 나쁘지 않다. 반대로 상대의 말에 동의하기 힘들 때는 고개를 갸우뚱하며 입술을 앙다물 수도 있다. 하지만 이러한 모든 행위는 의도적이 아닌 자연스러운 것이어야 한다.

우리는 아무리 짧은 대화라도, 모든 대화에 기대를 가지고 임한다. 말하기 위해 입을 열기 전 당신 머릿속에서 진행되는 것이 그 기대다. 비록 우리 스스로 대화가 진행되는 방식을 항상 통제할 수는 없지만, 우리는 자신의 기대를 상대와 공유하고, 대화에 임하기 전 자신의 생각과 느낌을 인식함으로써, 개방적이고 진실된 의사소통 환경을 조성할 수 있다.

씨앗을 심으려면 먼저 땅을 비옥하게 만들어놓아야 하듯, 대화를 하려면 먼저 내가 원하는 것과 상대에게 기대하는 것을 확실하게 해 두어야 한다. 물론 대화는 언제나 내가 원하는 대로 흘러가진 않는다. 내가 원하는 것을 상대가 완강히 거부할 수도 있고, 상대에 대한 나의 기대가 잘못된 것으로 판명날 수도 있다.

하지만 대화에 임할 때 내가 어떤 기준도 갖고 있지 않다면, 예기치 못한 상황은 우리를 더 당황하게 만들 것이고, 생각지도 못했던 방향으로 대화는 흘러갈 것이다. 잡담을 나눌 때는 굳이 어떤 대화의 기준을 가질 필요는 없겠지만, 대화의 기준을 갖지 않겠다고 생각하는 것도 일종의 기준이다. 그건 그냥 상대가 말하고 싶은 대로 내버려두겠다는 것이다.

결론을 내리면 이렇다. 대화 당사자인 두 사람 모두 같은 쇼를 즐기기 위해 그 자리에 있는 것임을 확인할 수 있다면, 성공적이고 즐거운 대화를 위한 무대가 마련된다는 것이다.

말센스 16

바로잡지 못할 실수는 없다

"

혹시 말을 뱉어놓고 미안했던 적이 있는가?

그 말은 하지 말았어야 했다고 후회했던 적이 있는가?

그렇다면 지금부터는 이렇게 하자. 바로 사과하는 것이다.

사과가 불가능한 일은 존재하지 않는다.

오히려 사과는 불가능한 일을

가능한 일로 만드는 유일한 대화법이다.

"

• • •

도무지 대화가 통하지 않을 것 같은 사람들이 있다. 극좌파와 극우파, 남성우월주의자와 페미니스트, 채식주의자와 육식주의자, 백인우월주의자와 유색인. 이들이 과연 대화를 나누는 것이 가능하기나 할까? 가능하다면 어떻게 가능할까?

오클라호마주 머스코지시에서 85년 전 태어난 한 흑인 여자 아이의 이야기를 소개하고자 한다. 그녀는 쌍둥이로 태어난 목사의 딸로 이름은 '젤노누흐'였다. 그녀는 마틴 루터 킹이 초대 회장을 역임한 시민운동 집단인 '남부 그리스도교 지도회의'에서 일하기 위해 1965년 애틀랜타시로 이사를 갔다. 젤노누흐는 킹 박사와 긴밀하게 협력했고 그의 아내인 코레타와도 친한 친구가 되었다.

젤노누흐는 애틀랜타 지역 병원들의 인종차별 정책을 철폐하기 위해 힘써 일했고, 그 결과 상처 입은 흑인 환자들은 수 킬로미터 떨어진 흑인 보호시설로 이송되지 않고도 치료를 받을 수 있게 되었다. 그녀의 공로는 애틀란타의 시장이었던 이반 앨런 주니어에게 알려졌고, 앨런은 그녀를 '모델 시티즈 프로그램'의 리더로 임명했다. 이 프로그램은 린든 존슨 대통령이 이끈 '위대한 사회 캠페인'의 한 부분으로, 빈곤한 이웃의 환경을 개선하고 신세대 흑인 지도자를 양성하는 것을 목적으로 하고 있었다.

젤노누흐는 애틀란타 지역의 모델 시티즈 리더로 활동하면서 서로 다른 다섯 개의 공동체를 감독했는데, 이 다섯 공동체 각각에는 의장이 있었다. 젤노누흐가 일을 막 시작했을 때 앨런 시장은 그녀에게 의장 중 한명이었던 캘빈 크레이그를 조심하라고 넌지시 일러주었다. 당시 크레이그는 백인 우월주의 집단인 KKK단 미국 지부의 최고지도자 자리를 맡고 있었기 때문이다. 젤노누흐는 수년 후 캘빈과의 첫 만남을 이렇게 회상했다.

"한 남자가 제게 악수를 청하며 손 대신 손가락 하나를 저에게 내밀었을 때, '이 사람이 크레이그로구나'라고 생각했어요."

다음 한 해 동안 젤노누흐와 캘빈은 인종 문제를 비롯한 온갖 주제에 대해 거의 매일같이 대화를 나누게 되었다. 어떤 이유 때문인지는 몰랐으나 캘빈은 그녀의 사무실을 계속해서 찾아왔다.

그렇게 그들은 함께 앉아 친밀하면서도 존경어린 태도로 대화를 이어갔다. 그녀는 캘빈이 자신을 결코 형식적으로 대하지 않았다고 말한다. 젤노누흐는 이렇게 말했다.

"제가 보기에 그는 매우 신사적이었어요. 우리는 화기애애하게 대화를 나누었지요. 제가 '왜 계속 제 사무실을 찾아오시나요? 우리는 의견이 많이 다르잖아요?'라고 묻자 그가 '하하, 클레이턴 부인. 당신과 대화하는 게 재미있기 때문이지요'라고 대답했어요."

두 사람이 그토록 자주 대화를 나누었다는 사실을 알지 못했던 사람들은, 캘빈이 1968년 4월 기자회견을 열어 KKK단을 떠난다고 발표했을 때 깜짝 놀랐다. 그는 앞으로 자신의 삶을 '흑인과 백인이 하나가 되어 어깨를 나란히 맞대고 설 수 있는' 미국을 건설하는 데 헌신하겠다고 말했다.

대부분의 이야기가 그렇듯 이 이야기도 사실은 보기보다 사정이 복잡하다. 크레이그는 결국 KKK단에 재합류했다가, 수년 후 다시 그만두기도 했다. 하지만 젤노누흐가 대화를 통해 그를 인종주의에서 벗어나도록 도왔다고 말하는 것은 결코 과장이 아니다. 캘빈 자신도 자기가 태도를 바꾼 것이 그녀 덕이란 점을 인정했고, 캘빈의 딸은 43년 후 젤노누흐를 만나게 해달라고 간청해왔다. 젤노누흐와 만났을 때 그녀는 이렇게 말했다.

"당신에게 깊은 감사를 드리기 위해 이 자리에 왔습니다. 당신은 제 아버지와 제 가족을 치료해주셨으니까요."

젤노누흐는 캘빈의 딸에게 자신이 캘빈의 마음을 애써 바꾸려 한 것은 아니었다고 말해주었다.

나는 이 이야기를 매우 사랑한다. 상대의 말을 귀담아듣고 배우려는 두 사람의 대화가 얼마나 큰 힘을 발휘하는지 보여주는 훌륭한 사례이기 때문이다. 이 이야기는 대화가 얼마나 강력한 치유력을 가지고 있는지 잘 보여준다. 또한 이 이야기는 '서로 의견이 너무 달라 도저히 대화를 나눌 수 없다'고 주장하는 모든 이에게 하나의 교훈이 된다.

흑인 여성과 백인우월주의인 KKK단의 수장조차 서로를 존중하면서 열린 태도로 대화를 나눌 수 있다면, 트럼프 티셔츠를 입고 있는 남성이나 채식 다이어트에 사로잡힌 여성과 대화를 나누는 것쯤은 아마도 식은 죽 먹기일 수도 있다.

하지만 어떤 대화가 다른 대화보다 더 힘들다는 것 또한 명백한 사실이다. 어떤 주제들은 다루기 더 까다로우며, 다른 사람의 비위를 건드리거나 감정을 상하게 할 위험성도 훨씬 높다. 따라서 나는 지금부터 논쟁에 휘말릴 필요 없이 어려운 대화를 나누는 몇 가지 검증된 방법들을 소개하고자 한다.

오랜 경험과 연구를 통해 나는 생산적인 대화를 촉진하는 데 도움이 되는 다섯 가지 핵심 전략들을 찾아낼 수 있었다. 그 다섯 가지는 아래와 같다.

(1) 호기심 갖기

첫 번째 요소인 '호기심 갖기'는 다른 사람으로부터 무언가를 배우고자 하는 진실된 의도를 품는 것이다. 젤노누흐는 캘빈과 대화하면서 캘빈을 설득하거나 그의 잘못을 입증하려는 의도를 품지 않았다. 대신 그녀는 캘빈이 그런 신념을 갖게 된 배경이 무엇인지, 자신의 존재를 위협하는 입장을 지지하는 그 사람이 대체 어떤 사람인지 알고자 하는 욕구를 품었다.

2016년, CIA 비밀공작부 요원이었던 아마릴리스 폭스는 알자지라 방송국과 다소 논란의 여지가 있는 인터뷰를 진행한 바 있다. 일부 사람들은 '테러와의 전쟁'에 대한 그녀의 의견에 이의를 제기하기도 했지만, 나는 그녀의 언급이 대화에 대해 배우고 있는 우리들에게 매우 가치 있다고 생각한다. 폭스는 CIA 요원으로 활동하는 동안 테러리스트나 극단주의자들과 어떻게 대화할 수 있었는지에 대해 이렇게 말했다.

"모든 사람은 자신이 선하다고 믿습니다. 적의 무장을 해제하는 진정한 방법은 단 하나, 그들의 말에 귀를 기울이는 것뿐이지요. 그들의 말을 잘 들어보면, 그리고 당신이 그들의 이야기에 진정으로 귀를 기울일 만큼 용감하다면, 당신은 자신이 그들처럼 살았을 경우, 그들과 같은 선택을 내렸을지도 모른다는 점을 이해하게 될 것입니다."

폭스는 당신이 동의하지 않는 사람을 '좋은 사람'이라고 믿어야 한다고 주장한 것이 아니다. 그녀는 단지 상대가 자기 자신을 어떻게 바라보는지 이해하는 것이 상대와 소통하는 데 도움이 된다는 사실을 말한 것이다. 그녀는 상대방의 가치를 형성한 문화와 사건, 관계들에 관심을 가져보라고 한 것이다. 그리고 당신이 그들과 같은 환경에 노출되었을 경우, 당신의 생각이 어떤 영향을 받았을지 한번 고민해 보라는 것이다.

(2) 편견 검토하기

폭스의 말에는 우리 자신의 편견을 검토하라는 의미도 포함돼 있다. 그렇게 하려면 우리 자신을 다른 사람의 입장에 놓아보아야 한다. 내 자신의 편견을 없애는 또 다른 방법은, 상대가 말하는 것에 내가 동의하는지 안 하는지 끊임없이 판단하고자 하는 충동에 저항하는 것이다. 누군가에게 '귀를 기울이는 것'은 그들에게 동의하는 것과는 다르다. 듣기의 목적은 일차적으로 이해하는 것이지, 그 사람의 생각이 나와 같은지 다른지 판단하는 것이 아니다.

우리는 종종 내가 상대에게 동의하는지 안 하는지 매우 신속하게 판단을 내린다. 우리는 상대의 정치관이나 신념에 대한 실마리가 될 만한 어떤 단어를 들은 뒤, 그 단어를 활용하여 상대를 특정한 집단 속에 분류해 넣는다. 우리는 한 집단에는 우리와 생각이 같은 사람들을 포함시키고, 다른 집단에는 우리와 생각이 다른 모든 사람들을 집어넣는다. 문제는 이런 종류의 분류 작업이 별로 정확하지 못하다는 것이다.

부분적인 단서를 토대로 사람을 대강 분류하려는 심리는 '후광 효과 halo effect' 또는 '뿔 효과 horn effect'라고 칭하는 것과 관련돼 있다. 기본적으로 우리는 다른 사람의 한 가지 측면을 받아들일 경우, 그 사람의 다른 측면들까지 긍정적으로 평가하는 경향이 있다는 의미다. 우리가 누군가를 믿을 만하고, 호감 가는 사람으로 분류하기 위해 필요한 건, 단 하나의 공통된 관심사일 뿐이다.

그 반대 역시 마찬가지다. 상대의 겉모습이나 의견, 지위 등을 받아들일 수 없는 경우, 우리는 그 사람의 다른 모든 측면을 부정하는 경향이 있다. 예컨대 누군가가 내가 좋아하지 않는 사람을 좋아한다고 할 경우 우리는 그 사람에 대한 호감도가 급격히 떨어진다. 또 아무리 성격이 좋은 사람일지라도 인상이 우락부락하다면 아예 다가가지 않을 가능성이 크다.

그런데 아이러니한 것은 우리가 상대에 대해서는 편견을 가지고 있을 거라고 생각하면서 정작 '자기 자신'은 그런 편견의 지배를 받지 않는다고 생각한다는 것이다. 하지만 진실은 이것이다.

"모든 사람이 편견을 갖는다."

편견이라는 것이 모두 그릇된 것은 아니다. 편견이란 어느 정도까지는 필수적인 생존 수단이다. 편견은 생존을 위해 그리고 복잡한 세상을 보다 빠르게 이해하기 위해 생겨난 것이기도 하다. 물론 인종주의와 같은 편견은 결코 용인될 수 있는 것이 아니지만, 인종주의를 근절하길 바란다면 우리는 그 편견의 뿌리를 먼저 이해해야만 한다.

인종에 대한 편견은 그 인종에 관한 고정 관념을 형성할 때, 즉 우리가 '이 사람은 나쁘다, 그러므로 이 사람이 속한 인종의 모든 구성원들은 나쁘다'라고 생각할 때 시작된다. 하지만 인종에 대해서만 그럴까? 우리 모두에게는 뿌리 깊은 지역 감정과 민족 감정이 있다. 그것은 모두 공동체 의식에 기반한다. 우리는 모두 한두 가지 이상의 공동체에 소속돼 있으며, 자신의 공동체에 소속되지 않은 사람에 대해서는 경계심을 가지고 있다. 이러한 경계심은 생존 본능이라는 점에서 자연스러운 것이다.

우리의 편견이나 고정관념은 과거사에만 뿌리를 둔 것이 아니다. 고정관념에는 생긴 지 얼마 안 되는 것들도 있고, 새로 생겨나는 것들도 있다. 실제로 과학자들은 실험실에서 고정관념의 발생 과정을 재현하는 데 성공한 바 있는데, 이는 우리가 언제든 고정관념을 새롭게 만들어낼 수 있다는 것을 의미한다.

여기 재미있는 예가 하나 있다. 성별로 생각해 볼 때 핑크색이 어울리는 쪽은 남자일까, 여자일까? 당연히 여자라고 답하는 사람들이 많겠지만, 100년 전만 하더라도 핑크색은 남성적인 것으로 간주됐다. 1918년에 발간된 〈레이디스 홈 저널〉 6월호에는 부모들을 위한 다음과 같은 권고문이 실려 있다.

"남자아이에게는 핑크색 옷을, 여자아이에게는 파란색

옷을 입히는 것이 일반적으로 통용되는 규칙입니다. 핑크색은 더 확실하고 강한 색인만큼 남자아이들에게 적합하고, 파란색은 섬세하고 얌전한 색인만큼 여자아이들에게 더 잘 어울리지요."

오늘날에는 분명 이와 정반대되는 고정관념이 더 우세하다. 물론 아이의 옷 색깔 같은 문제는 고정관념을 나타내는 아주 사소한 예에 불과하다. 하지만 다른 편견이나 고정관념 또한 이런 사소한 것들이 확장된 것에 불과하다.

그러니 편견은 편견이라고 인정하고 대화를 나눌 필요가 있다. 상대의 편견이든 나의 편견이든 편견은 그냥 한쪽으로 치워두는 것이다. 편견에 집중하지 말고 그 사람과 나의 관계에 집중하라는 것이다.

(3) 존중하는 마음 갖기

세 번째 제안은 항상 존중하는 태도를 보이라는 것이다. 나는 존중이야말로 모든 의미 있는 의견 교환의 초석이라고 생각한다. 대화를 나눌 때는 서로의 공통점을 찾아가는 것보다, 상대에 대해 존중하는 태도를 갖는 것이 더 중요하다.

상대를 존중하려면 상대방을 존중받을 가치가 있는 한

명의 인간으로 바라봐야 한다. 의견의 불일치에도 불구하고, 상대와 공감하는 방법을 찾아내야만 한다. 이를 실천하는 한 가지 방법은, 모든 사람이 자신의 삶 속에 어떤 긍정적인 결과를 만들어내기 위해 노력하고 있다고 가정해 보는 것이다. 싫어하는 사람이나 이해할 수 없는 사람과 마주치게 되면 그 사람이 추구하는 목표가 무엇인지 알아내려고 노력해보라.

당신과 의견이 다른 유명 인사의 비디오를 보면서 공감 기술을 훈련할 수도 있다. 물론 이는 쉽지 않은 일이다. 하지만 당신과 의견이 다른 사람과 언쟁을 하는 것보다는 훨씬 쉬운 일이다. 그 사람이 미친 사람이 아닌 한 그들은 그들 나름대로의 이유와 목표가 있다. 그런데 우리는 그 이유와 목표를 제대로 들여다 본 적도 없고, 이해해 보려고도 하지 않았다. 물론 그 이유와 목표를 듣는다 하더라도 당신은 그에 대해 동의하기 어려울 것이고, 욕이 나올지도 모른다. 하지만 생각해 보라. 그 사람도 한 명의 인간이다. 삶을 파괴하고자 살아가는 사람이 아니라 나름대로 살기 위해 노력하는 사람이다. 다만 그 방식이 당신이 생각하는 것과는 전혀 다르고 이해하기 힘든 것일 뿐이다.

만약 이런 나의 말에 공감하기가 힘들다면, 당신 주변

의 친한 사람들을 생각해 보자. 당신의 부모, 형제, 친구, 직장동료 가운데 당신이 진정으로 마음을 터놓을 수 있는 사람은 얼마나 되는가? 당신의 부모, 형제, 친구, 직장동료 가운데 당신이 도저히 이해할 수 없는 유명 인사보다 더 불합리하고 막돼먹고 치졸한 사람은 전혀 없는가? 어쩌면 당신이 동의하지 않는 그 유명 인사는 당신이 동의할 수 없는 부모, 형제, 친구, 직장동료보다는 덜 불합리할 수도 있다. 그런데 당신은 부모, 형제, 친구, 직장동료를 이해하려고 했던 만큼 그 유명 인사를 이해해 보려고 노력했는가? 아마도 아닐 것이다.

나는 나의 공감 기술을 발전시키기 위해 운전을 활용하곤 한다. 내가 운전하는 동안 누군가가 내 앞으로 끼어들거나 정지신호를 무시하고 달릴 때, 내가 느끼는 첫 충동은 그들의 지적 능력이나 양육 환경 등을 깎아내리는 것이다(가끔 큰소리로 혼자 욕을 하기도 한다). 하지만 얼마 전부터 나는 그들이 왜 그토록 서두르는지, 왜 그토록 기분이 나쁜지 상상하려고 노력해왔다. 내가 쏟아내고 싶어 하는 욕설들 대신 나는 이렇게 생각해 보기로 했다.

'아마도 안 좋은 하루를 보냈을 거야.'

'아마도 아이를 보려고 집에 서둘러 가는 중일 거야.'

'아마도 무슨 중요하고도 바쁜 일이 있었을 거야.'

내가 상상한 시나리오가 사실인지 여부는 그다지 중요하지 않다. 이 연습의 요점은 다른 사람을 나처럼 일상의 도전들에 직면하는 한 개인으로 바라보도록 마음을 훈련시키는 것이기 때문이다. 생각해 보라. 내가 욕하곤 했던 그 사람들과는 달리 나는 항상 교통법규를 지켰는가? 나는 언제나 상대 운전자를 배려하면서 운전을 했다고 자신할 수 있는가?

여기서 핵심이 되는 건 다른 사람을, 이 복잡한 세상과 어려운 삶을 헤쳐 나가기 위해 노력하는 한 명의 인간으로 바라보는 것이다. 이 훈련은 다른 누가 아닌 내 자신에게 혜택을 가져다준다.

당신이 상대를 먼저 존중하지 않으면 생산적인 대화를 나누기가 매우 힘들다는 사실을 명심해야 한다. 게다가 처음 만난 사람에 대한 당신의 견해는 맞을 가능성보다 틀릴 가능성이 훨씬 높다는 것 또한 기억해야 할 것이다.

(4) 논점 유지하기

내가 어려운 대화와 관련하여 해주고 싶은 네 번째 조언은 논점을 유지하라는 것이다. 누군가와 대화를 하던 도중

금기시되는 주제(죽음이나 이혼, 인종문제 같은 주제)가 대두되더라도 그 주제를 바꾸려고 노력하지 말라. 농담을 던지거나 옆길로 새나가지 말라. 어려운 문제에 관한 대화는 불편한 경우가 많으며, 무슨 말을 해야 할지 모를 때는 특히 더 그렇다. 하지만 그렇더라도 불만을 느끼면서 말을 돌리는 일은 피해야 한다. 도망치는 것보다는 침묵하는 편이 훨씬 더 낫다.

정말로 할 말이 아무것도 없다면, 그저 듣기만 하라. 당신이 상대의 말에 동의할 수 없다는 사실을 받아들이고, 동의하지 않아도 괜찮다는 사실을 인식하라. 모든 대화가 공감이나 포옹으로 마무리되는 것은 아니다. 자기 생각을 그대로 유지하면서 다른 사람이 무슨 생각을 하는지 배우는 것만으로도 충분한 경우가 많다. 그러니 대화 과정을 그저 즐기려고 노력해 보라.

(5) 잘 마무리하기

내가 해주고 싶은 마지막 조언은 모든 대화 상황에 해당되지만, 어려운 대화 상황에 특히 잘 적용된다. '끝맺음을 잘하라'는 것이 그것이다. 끝맺음을 잘한다는 것이 마지막에 멋진 말로 정리하라는 의미가 아니다. 오히려 그 반대다. 당신은 마지막 순간에 결정적인 발언을 하지 않아도 된다. 상대와 친밀한 관계를 유지하고자 한다면, 그런 충동은 내려놓는 것이 좋다.

또 대화에 응해준 상대에게 감사하는 시간을 갖는 것이 좋다. 그 사람이 이제 막 만난 사람이든 친한 사람이든 누구에게든 대화가 즐거웠다고, 고맙다고 표현하라. 다른 누군가에게 정치나 종교에 관한 의견을 피력하는 것은 불편하고 겁나는 일일 수 있으므로, 그들이 내준 시간과 그들이 보여준 개방성에 감사를 표하는 것이 마땅하다. 친근하고 품위 있는 태도로 대화를 마무리짓는다면, 당신은 앞으로의 대화를 위한 훌륭한 발판을 마련하게 된 것이다.

물론 당신이 이 다섯 가지 제안을 항상 따르지는 않을 것이고, 그런다고 해서 문제될 일도 없을 것이다. 나는 당신이 완벽한 달변가가 되길 기대하지 않으며, 나 역시 그 수준에는 한참 못 미친다.

그래서 내가 마지막으로 전하고 싶은 대화의 기술은 '사과'에 관한 것이다. 언젠가 나는 남편과 경찰의 총기 사용권에 대해 논쟁을 벌이다가, 며칠 동안 각방을 쓰기까지 했다. 하지만 잊지 말자. 감정은 성격상의 결점이 아니라는 것을. 우리는 태어날 때부터 감정적인 동물이었다. 따라서 당신은 가끔씩 감정의 드라마에 굴복하기도 할 것이고, 품고 있던 선한 의도를 잃어버리기도 할 것이다.

그런 일이 벌어진다면, 그리고 당신이 하지 말았어야 할 말을 입 밖에 냈다면, 즉시 사과하라. 당신의 언급이 잘못됐고 변명의 여지가 없는 것임을 인정하라. 그러면 당신은 실수를 과거에 남겨둔 채 앞으로 나아갈 수 있을 것이다.

어려운 대화는 가끔씩 통제 범위를 벗어나기도 한다. 그럴 때 사람들은 상처를 받고 화를 내기 시작한다. 이럴 때 앞으로 나아가는 길은 단 하나, 누군가가 먼저 사과를 하는 것뿐이다.

사과는 결코 쉬운 일이 아니다. 사과는 고통스럽고 어색한 일일 수 있다. 하지만 핵심은 바로 거기에 있다. 우리가 사과를 할 때, 상대방은 고심하는 우리의 모습을 보면서 우리가 불편해한다는 사실을 알고는, 연민 어린 반응을 나타내 보이기 시작한다. 진정한 사과가 화해를 촉진시키는 강력한 촉매로 작용하는 것이다.

당신이 진심으로 사과할 때 두 가지 중요한 일이 일어난다. 첫째는 상대방의 무장을 해제시켜 준다는 것이다. 당신이 상대방의 화나 슬픔을 받아들이게 될 때, 상대방에게 화를 낼 만한 이유가 있다고 인정할 때, 이런 태도는 종종 상대의 무장을 해제시킨다. 사과를 받은 상대방은 당신을 더 이상 위협적으로 느끼지도 않고, 자신에게 해를 입힐 사람으로 간주하지도 않는다. 그는 자신의 방어적 태도를 누그러뜨리고, 당신에 대한 용서를 준비한다. 어쩌면 그로 인해 그는 자신의 상처 입은 과거의 기억까지 완전히 벗어던질 수도 있다.

두 번째로, 사과는 사과를 하는 당사자에게도 엄청나게 긍정적인 효과를 가져다준다. 누군가에게 사과를 하려면, 당신은 먼저 왜 그들의 기분이 상했는지 이해해야 한다. 이 과정은 나를 상대의 입장에 서게 하고, 상대의 생각과 감정이 무엇이었는지 고민하도록 만든다.

누군가의 생각과 감정에 공감을 한다는 것은 결코 쉬운 일이 아니다. 하지만 역설적이게도 우리는 사과를 통해서 그 일을 더 잘해낼 수 있다. 그것이 진정한 사과라면, 우리는 사과를 하기 위해 상대와의 대화 내용을 곱씹어 보고, 상대의 입장에서 생각해 봐야 하기 때문이다.

사과가 불가능한 일은 존재하지 않는다. 오히려 반대로 사과는, 불가능한 일을 가능한 일로 만드는 유일한 대화법이다.

에필로그

나는 대화에 일생을 바치기 위해 태어난 것도 아니고, 내가 대화 전도사가 되리라고 상상해본 적도 없다. 나는 수년에 걸친 관찰과 경험, 연구 끝에 이 자리에 다다르게 되었을 뿐이다. 이 모든 과정들을 거치는 동안 나는 대화에는 인생을 바꿀 힘이 있다는 믿음을 갖게 되었다.

나는 1999년도에 리포터로 방송 일을 시작했다. 해가 감에 따라, 나는 대화가 쇠퇴해 간다는 사실을 알아차렸고, 다양한 정보원으로부터 지식을 구하던 사람들의 열의가 점점 식어가는 것 같다는 느낌도 받았다. 우리는 더 이상 서로를 이해하려 들지 않았으며, 그렇기 때문에 서로를 신뢰하지도 못했다.

우리의 호주머니와 손바닥에까지 영향을 미친 기술의 확산은 분명 대화에 아무런 도움도 안 되었지만, 나는 대화 기술이 쇠퇴한 것을 스마트폰의 인기 탓으로 돌리고 싶지는 않다. 또 비록 페이스북과 트위터가 온라인에서의 소통과 실제 대화를 비슷한 것으로 착각하게 만들긴 했지만, 소셜 미디어를 탓하고 싶지도 않다. 그리고 나는 사소한 일을 정치적 논쟁거리로 만들며 생계를 유지하는 인터넷 정치꾼들에 의해 양극화가 더 조장되더라도, 미디어 자체를 탓할 생각도 없다.

솔직히 말해, 나는 대화의 쇠퇴를 그 누구 탓으로도 돌리고 싶지 않다. 대화가 쇠퇴한 원인은 다양하고 어느 한 가지 탓으로 돌릴 수는 없다. 하지만 해결책은 하나다. 그것은 바로 지금부터라도 대화를 시작하는 것이다. 대화가 줄어드는 것은 분명 사람들 사이의 원활한 커뮤니케이션을 방해할 뿐 아니라, 사회 전체적으로도 큰 손해가 된다.

이 책을 쓰는 동안 나는 다양한 분야의 전문가들에게 자문을 구했고 수많은 연구 결과들도 읽어보았다. 나는 놀랍고 일깨우는 바가 많은 광범위한 정보들을 흡수했다. 하지만 그 중 한 연구는 다른 어떤 정보보다도 내 마음을 크게 뒤흔들어 놓았다. 젊은 층의 공감 능력이 빠른 속도로 쇠퇴하고 있다는 연구다.

공감은 연민과 매우 다르다. 연민은 "나는 당신을 동정

합니다"라고 말하는 능력이다. 하지만 공감은 "나는 당신과 아픔을 같이합니다"라고 말하는 능력이다. 연민은 상대방으로부터 분리돼 있기 때문에 자칫 '유감'으로 변질될 수도 있다. 하지만 공감은 상대와 연결된 상태를 유지하도록 이끌고, 우리 모두가 같은 인간으로서 함께 몸부림치고 있다는 사실을 자각하도록 돕는다.

공감할 줄 아는 의사는 환자를 더 건강하게 만들어준다. 공감 능력이 뛰어난 경영자는 직원들의 사기를 높여 스트레스로 인한 병가를 낼 필요가 없도록 해준다. 공감을 느끼는 능력은 편견 없는 태도, 해를 끼치지 않으려는 의지, 자애로운 행위와 긴밀히 연관되어 있다. 또한 공감 능력은 우리 도덕성의 기반이기도 하다.

공감 능력을 키우기 위한 방법에는 책읽기, 연극 관람 등 여러 문화적 활동도 있지만, 가장 효과적인 방법은 결국 대화를 나누는 것이다. 훌륭한 대화는 다른 사람의 경험에 대해 배우고, 그 경험을 내 자신의 경험과 비교하면서, 상대의 입장에 있었더라면 자신이 어떻게 느꼈을지 직접 상상해보는 것이다. 버클리대학에 있는 '그레이터 굿 사이언스 센터'의 연구자들은 공감 능력을 증대시키기 위해 아래와 같은 네 가지 간단한 방법을 제시하기도 했다.

1. 능동적 듣기
2. 다른 사람의 기쁨에 참여하기
3. 다른 사람과 자기 자신의 공통점 찾아보기
4. 상대의 얼굴에 주의를 기울이기

이 네 가지 모두를 단번에 달성하고 싶은가? 그렇다면 다른 사람과 대화를 나누자.

최상의 대화는 서로를 배려하는 두 사람 사이에서 촉발된다. 사실 배려란 것도 결국, 자신이 하는 말과 행동의 효과를 숙고하고, 그런 말과 행동으로 다른 사람을 해치거나 기분 상하게 하지 않기 위해 노력하는 태도에 지나지 않는다. 그런데 이런 태도를 취하는 것이 결코 쉬운 일은 아니다. 사회과학자들은 최근 나르시시즘이 널리 확산되어, 다른 사람을 배려하는 데도 상당한 노력과 훈련이 요구된다고 한다.

내가 이 책에서 제시한 도구와 전략들은 궁극적으로 한 가지 근본적인 목적을 공유한다. '대화를 할 때 상대를 배려하는 것'이 그것이다. 이런 태도를 취하면, 대화의 질이 향상될 뿐만 아니라 관계의 질도 향상될 것이고, 궁극적으로는 삶의 질까지 나아질 거라고 나는 확신한다.

배려라는 것이 특별한 것이 아니다. 다른 사람을 이해하고자 하는 의지, 그 사람의 마음에 공감하려는 태도가 바로 배려다. 하지만 그러한 의지와 태도는 진심에서 우러난 것이어야 한다. 주변을 보면 자신의 만족이나 명성을 위해 배려하는 척하는 사람들이 많은데, 그러한 배려는 궁극적으로 삶에 아무런 도움이 되지 못한다.

만일 정보에 대한 접근성이 우리 사회를 개선시켜준다고 믿지 않았다면, 그리고 대화가 상이한 공동체들 사이에 다리가 된다는 점을 믿지 않았다면, 나는 아마도 저널리스트 일을 그만두었을 것이다. 하지만 나는 우리에게 세상을 더 낫게 만들 수 있는 기회가 열려 있다고 진심으로 믿는다. 그리고 그 일은 이웃에게 인사를 건네는 그 간단한 행위로부터 시작된다.

그러니 잠시 스마트폰을 치워두고 다른 사람에게 다가가 이야기를 나눠보라. 아니 그보다는, 다른 누군가의 이야기에 귀를 한번 기울여보라. 아마도 당신은 사람들에게 놀라게 될 것이다. 그들은 당신을 기쁘게 하고, 새로운 인식에 눈뜨게 하고, 때로는 화가 나게 만들 수도 있다. 하지만 그 모든 것이 그들과 내가 점점 가까워지고 있다는 증거다.

그저 신변잡기나 연예인에 대한 가십을 공유하는 것만으로는 부족하다. 그런 얘기는 SNS에서도 얼마든지 발견할 수 있다. 우리에게 필요한 것은 진심으로 내 얘기를 하고, 진심으로 상대의 얘기를 듣고, 진심으로 서로 공감하는 것이다. 그러한 공감은 우리의 모든 감각과 마음을 동원해서 이루어져야 한다. 매번 새로운 대화에 임할 때마다, 그 대화를 훌륭하게 이끌어나가길 진심으로 바란다.

감사의 말

감사를 표하고 싶은 사람들이 많이 있다. 크게 보면, 나를 가르쳐주신 모든 선생님들, 내게 시간과 관심을 내준 모든 친구들, 인터뷰에 기꺼이 응해준 모든 게스트들께 감사를 전해야 마땅할 것이다.

작게 보면, 내게 가장 직접적인 도움을 주신 분들께 감사를 표하고 싶다. 시작 단계부터 이 주제의 중요성을 이해해준 인내심 많고 사려 깊은 편집자인 줄리 윌. 세상에서 가장 똑똑하고 가장 배려심 많은 에이전트인 헤더 잭슨. 훌륭한 친구인 동시에 지적인 여성이자 힘을 주는 후원자들인 캐롤 키노, 테레사 비어, 베스 존스. 기꺼이 내 글을 읽고 정직한 의견을 말해준 돈 스미스. 조지아 공영방송국의 동료인 테야 라이언과 직원들. 내 내면에 잠재된 힘을 일깨워 "아니오"라고 말할 수 있도록 도와준 피트 산도라. 타고난 슈퍼우먼인 신시아 스요베르. 너무 정직하고 너무 사려 깊고 너무 도움이 돼서 제대로 다 감사하기도 벅찬 우리 사장님 더그 미첼. 독서 모임의 현명한 두 여성인 캐시 로어와 록산느 도노반. 저널리스트로서 만날 수 있는 최상의 편집자이자 멘토인 로라 베르트란과 제이콥 콘래드. 이 모든 분들께 깊은 감사의 말씀을 전한다.

가장 큰 고마움은 내 아들 그랜트에게 전해야겠다. 그는 태어난 후 대부분의 기간 동안 나와 단둘이 지내면서, 내게 더없이 똑똑하고 유머감각 넘치는 지지를 보내주었다. 단지 말장난만 좀 줄여주었으면 좋겠다.

듣기에 대해 숙고하도록 나를 자극해준 탁월한 인물들인, 데일 카네기, 랄프 니콜스, 스터즈 터클에게도 감사를 표하고 싶다. 그리고 풍부하고 영감에 찬 연구 결과들을 제공해 준 저명한 연구자들인 사라 콘래스, 마크 페겔, 스티브 레빗, 스티븐 더브너, 대니얼 카너먼, 데이브 아이세이와 버클리대학의 그레이터 굿 사이언스 센터 및 퓨 연구센터의 좋은 분들께도 감사의 말씀을 전한다. 또한 셰리 터클에게도 특별한 감사를 표하고 싶다. 밴프에서 열린 테드 강연회에서 만났을 때, 그녀는 너그럽게 내 말에 귀를 기울이면서, 대화의 쇠퇴에 관한 경고의 말을 전하도록 도와주었다.

아이디어를 공유하고 대화를 자극하는 데 헌신하는 테드 협회에도 크나큰 감사의 말씀을 전한다. 그리고 마지막으로, NPR과 PRI 방송국 및 모든 공영 미디어의 저널리스트들에게도 감사를 표하고 싶다. 공영 라디오 방송국은 백여 년 전 처음 설립된 이래로 지적이고 훌륭한 대화를 촉진시키는 일에 힘써 왔다. 또한 라디오 방송국은 내게 세상에서 가장 창의적이고, 사려 깊고, 흥미로운 사람들과 대화를 나눌 수 있는 기회도 제공해주었다. 이 점에 대해 깊은 감사를 표하는 바이다.

옮긴이 **김성환**

연세대학교 건축공학과를 졸업하고 바른번역 아카데미 출판번역 과정을 수료했다. 지은 책으로는 《감정들: 자기 관찰을 통한 내면 읽기》가 있고 옮긴 책으로는 《모나리자를 사랑한 프로이트》, 《자비심 일깨우기》, 《무의식이란 무엇인가》, 《원근법 드로잉 레슨》, 《홈 바리스타》, 《헤드스페이스》, 《생각정리를 위한 손자병법》 등이 있다.

말센스

초판 1쇄 발행 2019년 2월 18일
초판 35쇄 발행 2024년 9월 16일
지은이 셀레스트 헤들리

옮긴이 김성환
펴낸이 이부연
디자인 노지혜

펴낸곳 (주)스몰빅미디어
출판등록 제300-2015-157호(2015년 10월 19일)
주소 서울시 종로구 내수동 새문안로3길 30, 대우빌딩 916호
전화번호 02)-722-2260
인쇄·제본 갑우문화사 용지 신광지류유통

ISBN 979-11-87165-46-0 03190

이 도서의 국립중앙도서관 출판예정도서목록(CIP)은 서지정보유통지원시스템 홈페이지(http://seoji.nl.go.kr)와 국가자료종합목록시스템(http://www.nl.go.kr/kolisnet)에서 이용하실 수 있습니다. (CIP제어번호 : CIP2018042448)